Norbert Mappes-Niediek

Österreich für Deutsche

Einblicke in ein fremdes Land

W0205344

Norbert Mappes-Niediek

Österreich für Deutsche

Einblicke in ein fremdes Land

Mit 40 Fotos von Erich Leonhard

Ch. Links Verlag, Berlin

Ch. Links

Die Deutsche Bibliothek – CIP-Einheitsaufnahme

Mappes-Niediek, Norbert:
Österreich für Deutsche : Einblicke in ein fremdes Land /
Norbert Mappes-Niediek. Mit 40 Fotos von Erich Leonhard. –
1. Aufl. – Berlin : Links, 2001
ISBN 3-86153-233-6

1. Auflage, März 2001
© Christoph Links Verlag – LinksDruck GmbH
Schönhauser Allee 36, 10435 Berlin, Tel.: (030) 44 02 32–0
Internet: www.linksverlag.de; mail@linksverlag.de
Umschlaggestaltung: KahaneDesign, Berlin,
unter Verwendung von Fotos von Walter Schmitz/Bilderberg (Titel)
und Erich Leonhard (Rückseite und vordere Klappe)
Satz und Lithos: LVD GmbH, Berlin
Druck und Bindung: Friedrich Pustet, Regensburg

ISBN 3-86153-233-6

Inhalt

Einmal nach Österreich und zurück

Einleitung

»Österreich? Ja, seid ihr denn wahnsinnig?« Als meine Frau und ich uns im Herbst 1991 entschlossen, gemeinsam mit unserer dreijährigen Tochter von Bonn in die Steiermark zu ziehen, waren die meisten unserer Freunde und Bekannten entsetzt. Das überraschte uns. Wie konnte dieses harmlose und vertraute Land solche heftigen Reaktionen auslösen?

Das Entsetzen war, wie wir erfuhren, in erster Linie kultureller Natur und galt gleichermaßen der Blasmusik und den Lederhosen wie dem morbiden Wien mit seinem faulenden Sperrholz hinter der Blattgoldauflage, seinen Handküssen und Opernbällen. Manche Klischees lernten wir überhaupt erst nach unserem Umzugsbeschluß kennen. Unsere deutschen Freunde kannten Österreich von etlichen Urlaubsreisen. Manche von ihnen litten unter einem generationsspezifischen Trauma. Sie hatten im Alter von zwölf oder dreizehn Jahren mit ihren Eltern ausgedehnte Mittelgebirgswanderungen unternehmen müssen und träumten noch immer von den roten Kniestrümpfen ihres väterlichen Leithammels, den Serviettentaschen in der Frühstückspension und den wöchentlichen Auftritten der Trachtenkapelle. Einer hatte jeden Sommer drei Wochen in Wertschach im Gailtal verbracht, wo der Vater nach dem 25. Aufenthalt vom Bürgermeister eine Urkunde und eine Plakette bekommen hatte. Er schwor sich damals, Österreich sein Leben lang zu meiden. Auch ein wenig Politisches mischte sich in die allgemeine Abneigung. 1991 war Kurt Waldheim noch Bundespräsident, der wegen seiner Wehrmachtsvergangenheit unter diplomatischer Kontaktsperre stand, ein Vorgeschmack auf das, was die Österreicher im Jahr 2000 mit ihren EU-Sanktionen erlebten. Auch von Jörg Haider hatten unsere Freunde damals schon gehört. Wie konnte man in ein Land ziehen, wo das, was man schon zu Hause als schlimm und peinlich empfand, offensichtlich noch viel schlimmer war?

Nicht daß wir, im Unterschied zu unseren Freunden, Österreich besonders gut gekannt hätten. Nur hatten wir eben keine traumatischen Urlaubserinnerungen. Wir waren im Gegenteil als Erwachsene und freiwillig ein paar Mal mit den Fahrrädern durch Österreich gefahren, hatten das Land schön und die Leute freundlich gefunden. Haider und Waldheim waren uns auch nicht sympathisch, aber wir waren uns sicher, daß wir mit ihnen und ihren Anhängern sowieso nichts zu tun haben würden. Ich wollte mir eine berufliche Existenz als Korrespondent für Südosteuropa aufbauen, und wir suchten einfach einen angenehmen Ort zum Wohnen. Urlauben und Leben sind zweierlei, das wußten wir. Also quartierten wir uns eine Woche in Graz ein und erkundeten systematisch das Terrain: Miet- und Immobilienpreise, Aufenthaltsbestimmungen, Kindergärten, Schulen, Nahverkehrsverbindungen – was man alles so braucht. Der Befund fiel positiv aus. Im Anzeigenteil der Regionalzeitung fanden wir dann ein Haus, das unseren Vorstellungen entsprach. Es stand in einem äußerlich reizlosen, aber sympathisch normalen Dorf, nicht zu weit von der weit und breit einzigen Großstadt Graz entfernt. Der Ort war uns vergleichsweise egal. Wir rechneten nicht damit, daß er uns einmal wichtig werden würde.

Von unserem Gastland waren wir rasch begeistert. Im Nu kannten wir die ganze Nachbarschaft. Alle waren freundlich, viele demonstrativ hilfsbereit. Neugierige Fragen kamen über den Zaun. Keiner ließ uns spüren, daß er uns irgendwie für fremd und unpassend hielt. Dabei erbrachten wir keine besonderen Anpassungsleistungen. Wir übten uns nicht in dem fremden Dialekt, trugen keine Jacken mit Hirschhornknöpfen und unterwarfen uns auch nicht den Ritualen der Ehrerbietung, wie wir sie bei anderen beobachten konnten. Meinem Grundsatz, niemanden je mit einem Titel anzureden, bin ich auch in Österreich treu geblieben. Wenn man mir das übelnahm, dann ließ man es sich wenigstens nicht anmerken –

wie man überhaupt sorgsam alles vermied, was die Harmonie der Begegnung irgendwie trüben konnte. Das war es dann auch, was uns ab und zu etwas irritierte: Allem, was nach Streit und selbst nach Dissens roch, ging man hier gern aus dem Wege. Unsere Debattierlust, mit der wir uns im Rheinland oft gut amüsiert hatten, blieb seit unserem Umzug nach Österreich dauerhaft frustriert. Auf jede forsch vorgebrachte These folgte relativierendes Einlenken, auf direkten Widerspruch Verlegenheit.

Ein paar Monate nach unserem Umzug reiste ich zum erstenmal wieder für ein paar Tage mit dem Nachtzug nach Deutschland. Am frühen Morgen wurde ich im Kölner Hauptbahnhof Zeuge, wie eine Schlange Wartender spontan und in wunderbarer Einigkeit gegen den lahmen Schalterbeamten rebellierte: »Jeht dat ens voran?« »Der Zug fährt in fünf Minuten, und wir stehen hier schon eine Viertelstunde!« Ich entwickelte zum erstenmal Nostalgiegefühle: So eine schöne Probe von Solidarität und freiem Bürgersinn hatte ich in den Monaten Österreich nicht erlebt. Aber der Versuch, das Gastland auf einen handlichen Begriff zu bringen, scheiterte wie jeder andere rasch. Schon eine halbe Stunde später kam ich an meinem Zielbahnhof an. Für Freunde hatte ich zwei Flaschen Rotwein mitgebracht, die ich in einer Plastiktüte bei mir trug. Beim Verlassen der Bahnhofsunterführung rutschte ich auf der Treppe aus; eine Flasche zerbrach, und der Rotwein floß die Stufen herab. Die Leute aus dem Zug, die ein paar Schritte hinter mir gegangen waren, machten kehrt und nahmen, statt mir zu helfen, eine andere Treppe. Solidarität? Das, durchzuckte es mich, wäre mir in Österreich nicht passiert. Später haben wir den gleichen Gegensatz dann noch einmal sehr ernsthaft zu spüren bekommen: Unseren Sohn, der 1994 mit einer geistigen Behinderung zur Welt kam, hat unser steirisches Dorf lehrbuchreif integriert. Alle kennen ihn beim Namen, und wenn er beim Feuerwehrfest wegläuft, bringt ihn uns garantiert jemand zurück. Nie würden Eltern seiner Klassenkameraden sich beim Elternabend beschweren, daß ihr Kind in einer Klasse mit unserem nicht genug lerne. Aber als wir in der Klinik etwas über die Ursache seiner Behinderung erfahren wollten, wurden wir kalt und arrogant abgefertigt.

War es vielleicht Sozialromantik, die uns an Österreich band? Wir schätzten in der Tat auch das Kleinförmige und Geruhsame in unserem Gastland und waren froh, samstags morgens nicht mehr eine halbe Stunde auf Parkplatzsuche um den Hypermarkt herumkurven zu müssen. Nach neun Jahren Österreich erleben wir vorweihnachtliche Autofahrten durch die großen Einkaufswelten in einem deutschen Ballungsgebiet als schweren Kulturschock. Beide Länder könnten sich da kaum krasser unterscheiden: Selbst die Shopping-City Wien-Mödling wirkt wie ein Tante-Emma-Laden gegen die künstliche Landschaft aus Super- und Verbrauchermärkten in, sagen wir, St. Augustin bei Bonn. Wenn die tägliche Stunde im Stau Fortschritt ist, sind wir gern ein bißchen rückschrittlich. Als es bei der Einrichtung eines Telefonanschlusses dann allzu geruhsam zuging, genügte ein Anruf beim Amt. Daß die ISDN-Leitung hier erst ein knappes Jahr später verfügbar war als bei unseren deutschen Freunden, haben wir in Kauf genommen.

Aber wer aus romantischen Gründen auswandert, wird leicht zur tragischen Figur. Die Entwicklung, der er entkommen wollte, erlebt er in seiner neuen Heimat ja ein zweites Mal. Tatsächlich ist unser Dorf im letzten Jahrzehnt deutlich »deutscher« geworden. Wir haben jetzt auch erste Parkprobleme vor dem Supermarkt, und man geht auch nicht mehr so zwanglos bei Nachbarn ein und aus, seit viele sich Stahltore mit Autofernbedienung angeschafft haben. Wo uns anfangs noch die schlichte Schönheit der traditionellen Bauernarchitektur erfreute, beleidigen nun immer mehr lila getünchte Fertighäuser mit biedermeierlichen Gartentoren unser Auge.

Reisen zwischen Deutschland und Österreich sind allerdings keine Zeitreisen; beide Länder bleiben dauerhaft anders. Österreich einfach für »rückständig« zu halten führt in die Irre. Noch vor zwanzig Jahren zum Beispiel dachte man, die Unternehmensstruktur des kleineren Nachbarlandes sei antiquiert: Während Deutschland perfekt durchorganisierte Großbetriebe aufweisen konnte, wurstelten in Österreich »Krauter« und »Klitschen« vor sich hin. Heute dagegen heißen die industriel-

Symbol der Weinseligkeit: Der »Busch'n« am Haus oder Gartentor eines Bauern signalisiert, daß hier Heuriger, Wein aus der letzten Lese, ausgeschenkt wird.

len Giganten »Dinosaurier«, und die flexiblen Kleinbetriebe sind der letzte Schrei. Jahrzehntelang mußte das katholische Österreich Minderwertigkeitsgefühle gegen die akkuraten Nachbarn mit ihrem protestantischen Pflichtethos haben, in der postmodernen Spaß- und Freizeitgesellschaft von heute finden sie sich mit ihrem barocken Erbe dagegen weit besser zurecht. Leider ist auch noch nicht ausgemacht, ob die österreichische Toleranz gegen braunes Gedankengut nur ein Relikt der Vergangenheit oder zugleich ein Vorbote der Zukunft ist. Zwar haben europäische Länder mal Konjunktur, mal nicht, und viele erleben dann und wann ein »Goldenes Zeitalter« und werden von den anderen bewundert. Aber sie bleiben sich doch auf zähe Weise treu.

Wer vom einen Land ins andere zieht, vergleicht beständig und wertet auch: Was ist hier besser, was schlechter? Wer für Deutsche über Österreich schreibt, darf nicht werten, denn er bedient sich ja einer unfairen Perspektive: Jedes Land kann, wenn es mit den Maßstäben eines anderen gemessen wird, nur schlecht abschneiden. Nationen bringen normalerweise die Maßstäbe, nach denen sie sich beurteilen lassen, aus sich selbst hervor – sieht man von den wenigen übernational gültigen Prinzipien ab, mit denen die Wiener Regierung vor kurzem so böse kollidiert ist. In Österreich liegt der Fall ein bißchen anders. Das Land sieht sich oft mit fremden, deutschen Augen, und das schon lange: früher aus dem Blickwinkel der »deutschnational« orientierten Österreicher, denen drüben alles groß und stark und modern und bei sich zu Hause alles eng und schlapp und rückständig vorkam, heute aus der Perspektive von österreichischen Intellektuellen, die im Nachbarland ihre Bücher verlegen lassen und dort ohne Sprachprobleme an den weit umfänglicheren und tiefergehenden Debatten teilnehmen können. Oder scheinbar ohne Sprachprobleme: »Der Österreicher unterscheidet sich vom Deutschen durch die gemeinsame Sprache« – der bekannte Aphorismus, der zu Unrecht Karl Kraus zugeschrieben wird,[1] markiert das Verhältnis am genauesten. Man glaubt über dasselbe zu sprechen, meint aber etwas anderes.

Einer der ersten Konflikte, die wir in diesem Land auszutragen hatten, spielt im Kinderkrankenhaus. Wir wollten unseren einjährigen Jungen die Nacht über dort nicht allein lassen – ein Wunsch, den wir selbstbewußt vortrugen, weil wir ihn für offenkundig legitim hielten. Die Krankenschwester, von unserem Anspruch erkennbar genervt, bot uns nach längeren Verhandlungen an, einer von uns Eltern könne bleiben, wenn wir mit einem »Sessel« vorlieb nähmen. Wir willigten ein, bekamen am Abend dann aber von ihrer Kollegin einen harten Holzstuhl. Wir protestierten ärgerlich – und erfuhren erst später, daß in Österreich jeder Stuhl, und sei er noch so hart, »Sessel« heißt. In Frankreich hätten wir uns vielleicht anhand des Wörterbuchs über den Unterschied zwischen »chaise« und »fauteuil« kundig gemacht, bevor wir angefangen hätten zu schimpfen. In Österreich kamen wir gar nicht auf die Idee, daß hier ein sprachliches Mißverständnis vorliegen könnte. Und wenn schon so banale Wörter wie »Sessel« verschiedene Begriffe bezeichnen, wie dann erst »Verfassung«, »Elterninitiative« oder »Ausländerfeindlichkeit«?

Dieses Buch soll nicht werten, sondern Verständnisprobleme klären. Aber wie tut man das? Die vielen Forscher, die solche Versuche schon unternommen haben, lassen sich in zwei Fraktionen unterteilen. Die einen haben kunstvolle Konstruktionen der österreichischen Identität aufgebaut und übertreffen einander bei dem Versuch, die spezifische Differenz zwischen beiden Ländern auf einen möglichst originellen Punkt zu bringen. Die anderen fühlen sich für die Probe zuständig und lassen von den Konstruktionen kaum etwas stehen. Sie zeigen Tabellen mit Wirtschaftsdaten vor sowie vergleichende soziologische Untersuchungen und stellen immer wieder fest, daß es ja kaum Unterschiede gibt – jedenfalls keine signifikanten, die das spezifisch »Österreichische« vom spezifisch »Deutschen« trennen würden. Beide Länder sind reich. Natürlich, Österreich ist katholisch – aber das ist das Rheinland auch. Österreich ist alpin, aber das ist auch Oberbayern. »Die Geschichte« ist anders, nur kümmert sie hier wie dort kaum jemanden mehr. Die Sprache des Österreichers ist, dialektgeographisch gesprochen, vorwiegend »bairisch«. Neonazis und Rechtsradikale, Rassisten und Wohlstandschauvinisten schließlich gibt es zu beiden Seiten der Grenze, und wer mag sich länger mit der aktuellen Häufung hier oder dort aufhalten und sie zur Charakterisierung einer ganzen Nation heranziehen – außer, er möchte seine eigenen Schamgefühle auf andere projizieren?

Aber die Wissenschaftler steigen auch mit schwerem Gepäck auf den Berg der Erkenntnis. Historiker müssen sich mit alten Erzählungen und Traditionslinien auseinandersetzen und genau um die Bedeutung wissen, die etwa der Kyffhäuser-Mythos für den deutschen Nationalismus des 19. Jahrhundert gehabt hat – selbst wenn diesen Mythos heute kein Mensch mehr kennt. Empirische Sozialforscher halten sich an ihre peniblen Methoden, weil sie sich nicht dem Verdacht freien Phantasierens aussetzen wollen. So haben sie zum Beispiel Österreicher und Westdeutsche nach ihrem »Staatsbild« befragt. Bürger beider Länder bekamen Begriffe vorgelegt und wurden gefragt, an welchen davon sie denken, wenn sie »Staat« hören. 39 Prozent der Deutschen dachten bei »Staat« an die Verfassung, aber nur 32 Prozent der Österreicher.[2] Ein Unterschied, wenn auch kein großer. Aber was bedeutet er? Im einen Land wurden jahrelang mit grausigem Ernst »Verfassungsfeinde« aufgespürt, im anderen ist die Verfassung eine völlig uninteressante Politiker-Satzung, die über mehr als 150 Jahre bei wechselnden Gelegenheiten um- und fortgeschrieben wurde. Wenn zwei dasselbe sagen, meinen sie noch lange nicht das gleiche.

Nach neun Jahren kommt uns Grenzgängern Österreich nicht mehr spanisch vor – nicht weil wir alles begriffen hätten, sondern weil wir langsam betriebsblind werden. Als mir neulich an einer deutschen Tankstelle die Kassiererin für meine Rechnung von 49,96 Mark die vier Pfennig schuldig bleiben mußte, darauf ins Hinterzimmer verschwand, ehrlich zerknirscht zurückkehrte und den peinlichen Vorfall mit rotem Kopf bedauerte, war ich zum erstenmal versucht, mal etwas über das verrückte Deutschland zu schreiben. Gleichzeitig wußte ich: Es ist höchste Zeit für das Österreich-Buch. Hier ist es nun. Ein Buch über Jörg Haider oder über das politische

Klima nach dem Regierungswechsel ist es nicht geworden. Wer sich über Haider informieren will, sollte sich an die Bücher von Hans-Henning Scharsach[3] halten, einem Wiener Journalisten, der sich der Aufgabe unterzogen hat, alles über den Aufstieg dieses Mannes festzuhalten und seinen Verdrehungen unermüdlich zu widersprechen. Wer für das Phänomen Haider eine Deutung sucht, ist am besten bei dem Klagenfurter Psychotherapeuten Klaus Ottomeyer[4] aufgehoben, der weniger den Führer als seine Gefolgschaft auf die Couch legt. Wer sich hineinfühlen will in das politische Wien vor und nach dem Februar 2000, wird am besten bei dem brillanten Autor Armin Thurnher[5] bedient. Das vorliegende Buch dagegen soll deutschen Leserinnen und Lesern Österreich so erschließen, wie wir uns als ganz normale Familie das Land erschlossen haben: streng unsystematisch, nicht unbelastet von der vielen Literatur, aber kritisch und mit Sympathie.

Europa im Jahr 2001 (oben) und vor dem 1. Weltkrieg 1914 (unten).

Oben, unten, draußen: Wo liegt Österreich?

Geschichte und Nationalgefühl

Österreich wird von Deutschen im Süden verortet; das ist nicht ganz falsch, trifft den Sachverhalt aber nur sehr ungenau. Ein Blick auf die Karte zeigt, daß Österreich vor allem im Osten liegt. Wien liegt nördlich von München, aber östlich der Oder-Neiße-Grenze, sogar östlich der kroatischen Hauptstadt Zagreb. In Wien wird es abends etwa eine Stunde früher dunkel als in Köln.[1] Das gliedert den Tag ganz anders: Geschäfte öffnen morgens um acht, und es gilt als unhöflich, abends nach 21 Uhr bei Bekannten anzurufen – während Österreicher nichts dabei finden, ausländische Mitbürger aus Deutschland morgens um sieben aus dem Bett zu klingeln. Österreich erstreckt sich von West nach Ost und das fast ebenso weit wie Deutschland von Nord nach Süd: Die Luftlinie von der liechtensteinischen Grenze im Westen zur slowakischen im Nordosten ist ungefähr so lang wie die Strecke Hamburg–München. Ebensolange wie die Autofahrt zwischen den beiden Großstädten in Deutschland dauert die Reise von Graz nach Bregenz: etwa 7,5 Stunden.[2] Wie groß Österreich ist, haben wir sinnlich erst an Freunden aus Deutschland erfahren, die in Vorarlberg zum Skifahren waren und auf der Rückfahrt »mal eben« bei uns in der Steiermark »vorbeigucken« wollten, woraus nie etwas wurde – Österreich ist aus deutscher Perspektive nicht nur im Süden, sondern auch klein.

Noch östlicher als beim bloßen Blick auf die Karte ist das Land, wenn man die Einwohnerzahlen hinzunimmt: Sieben von acht Österreichern leben in einem der sieben Bundesländer östlich von Bayern. Der ferne Westen ist für die meisten Österreicher Peripherie; von Wien an die Westgrenze des

Landes ist es ebensoweit wie von dort nach Uschgorod in der Ukraine, wie der Mitteleuropa-Theoretiker Erhard Busek seinen Landsleuten einmal vorgerechnet hat.[3] Für die Autofahrer sind Vorarlberg und Tirol sogar eine Exklave wie das Gebiet Kaliningrad für die Russen. Man fährt von Ostösterreich nach Tirol nämlich über das »Deutsche Eck«. Dieser feste Begriff bezeichnet im Österreichischen nicht die Moselmündung in Koblenz, sondern die deutsche Autobahn von Salzburg bis Kufstein oder bis Lindau am Bodensee. Nicht nur Schulkinder pflegen bei der Aufzählung der Bundesländer Vorarlberg zu vergessen.

»Der Osten« war 45 Jahre lang das Reich des »realen Sozialismus«; da gehörte Österreich natürlich nicht dazu. Es war in der Wahrnehmung der nordwestlichen Nachbarn die ganze lange Nachkriegszeit über eine besonders stabile, durch und durch westliche Demokratie, die sich von der eigenen, westdeutschen, nur durch besondere Briefmarken und sonstige Hoheitssymbole unterschied. In Wirklichkeit verhielt es sich doch etwas anders. Seit 1955 war Österreich – im Unterschied zur Bundesrepublik, die im gleichen Jahr Mitglied der Nato wurde – im Ost-West-Konflikt neutral. Die Neutralität war zunächst eine militärische. Österreich hatte sich verpflichtet, keinen militärischen Bündnissen beizutreten, keine Stützpunkte fremder Mächte auf seinem Territorium zu dulden und keine eigenen Streitkräfte zu unterhalten. Man folgte streng der Definition von Neutralität nach dem Haager Abkommen von 1907.[4] Von einem politischen oder ideologischen »Neutralismus« wollte das bis 1970 konservativ dominierte Österreich nichts wissen.

Trotzdem entwickelte sich das Land in der Nachkriegszeit auch in politischer Hinsicht viel weniger westlich als die Bundesrepublik. Der Europäischen Union trat es erst 1994 bei. Zur Zeit des Kalten Krieges war Österreich das Scharnier für politisch unkorrekte Handelsgeschäfte und profitierte durch Provisionen und fette Aufträge für die staatliche Industrie. Schon 1958 erkannte Österreich die DDR-Reisepässe an. »DDR-Delegationen aller Art«, erzählt der frühere Außenhandelsbeauftragte Österreichs in Ostberlin, Hans Thalberg,

»reisten über Österreich zu Kongressen und Tagungen, die katholischen Bischöfe Ostdeutschlands reisten über Wien nach Rom, österreichische Kurorte waren für DDR-Gewerkschaften zugelassenes Erholungsgebiet.« Die guten Beziehungen Wiens zum Osten lösten in Bonn immer wieder Empörung aus. Als 1963 die Fluggesellschaft Austrian Airlines einen regelmäßigen Luftverkehr in beide Teile Berlins einrichten wollte, gelang es der Bundesregierung mit der Hilfe der westlichen Alliierten, das Projekt zu stoppen.[5] Zwar war auch in Österreich die Nachkriegsöffentlichkeit antikommunistisch eingestellt, aber niemals auch nur annähernd so sehr wie in der Bundesrepublik, wo kommunistisches Denken nach 1945 »nach drüben« gehörte und seit dem KPD-Verbot 1956 endgültig im Geruch des Landesverrats stand. Die Kommunisten, halb spöttisch, halb liebevoll »Kummerln« genannt, gründeten 1945 gemeinsam mit SPÖ und ÖVP die »zweite Republik«, durften anschließend ein paar Jahre in die Regierung und preisen sich noch heute, als erste Partei die Existenz einer österreichischen Nation anerkannt zu haben.

Die Himmelsrichtungen Osten und Westen haben nach dem Ende der Blockkonfrontation ihre politische Bedeutung zwar verloren, aber ihre ältere, kulturelle Bedeutung zurückbekommen. Der amerikanische Kulturwissenschaftler George Schöpflin erkennt in Europa ein westliches und ein östliches Grundmuster. Typisch für den dichtbevölkerten Westen ist danach die Teilung der Macht nicht nur zwischen regionalen Zentren, den Städten, sondern auch in politische, rechtliche, wirtschaftliche und religiöse Sektoren. Früher Ausdruck solcher Teilungen ist die erste Trennung von Kirche und Staat im Mittelalter. Im dünnbesiedelten Osten dagegen mußte die Macht gegen die zentrifugalen Tendenzen zusammengehalten werden. »Rußland ist groß und der Zar ist weit« – der Spruch beleuchtet das Problem. Im Osten gelang es den Herrschern, die Kirche in den Rahmen ihrer Macht einzufügen. Davon legen bis heute die nationalen orthodoxen Staatskirchen Zeugnis ab. Extreme Ausformung eines östlichen Machtprinzips ist der »Cäsaropapismus«, die Vereinigung weltlicher und geistlicher Macht in einer Person, wie in Byzanz und bis 1917 in Rußland – oder, in einem übertragenen Sinn auch nach 1917, als Macht und Ideologie in einer Hand konzentriert waren.[6]

»Mitteleuropa«, zu dem sich Österreich seit der europäischen Wende von 1990 wieder rechnet, liegt irgendwo zwischen beiden Polen, zwischen westlicher Demokratie und östlichem Despotismus. Wer danach forscht, kann in diesem Spannungsfeld vielleicht Unterschiede zwischen Österreich und Deutschland finden: etwa im katholischen Staatskirchentum des habsburgischen Kaiserhauses bis 1918, dessen Nachwirkungen man manchmal noch fühlen kann, oder der weltlichen Priesterherrschaft, die in der Zwischenkriegszeit einen geistlichen Bundeskanzler und etliche Bürgermeisterpfarrer hervorgebracht hat, im ausgeprägten Sinn für »oben« und »unten«, für Hierarchien und Titel, wie sie den Deutschen in Österreich überall auffallen. Trotzdem wird niemand daran zweifeln, daß, wenn man solche großen Scheidelinien über den Kontinent zieht, Österreich mit anderen mitteleuropäischen Ländern in die westliche Hälfte gehört. Das aber auf eine ganz besondere Weise – eine mitteleuropäische.

Die westeuropäische Kultur kam aus den unabhängigen Städten. Sie spielten die entscheidende Rolle »für die Erhaltung und Förderung des Marktes, die Autonomie wirtschaftlicher Transaktionen, die Entwicklung von Technologien, die Verwaltung des Geldes, die Spezialisierung von Fertigkeiten und die Herausbildung eines Konzepts von wirtschaftlichem Wachstum nach eigenen Mustern von Ursache und Wirkung, nicht der Gutwilligkeit des Herrschers oder göttlichen Vorsehung unterworfen«.[7] Berühmt aus jener Zeit sind die stolzen und unabhängigen Städte in Italien und den Niederlanden mit ihren reichen Patrizierkulturen: Gent und Amsterdam, Venedig und Genua, und der Städtebund der Hanse. »Freie Reichsstädte« gab es am Ende des Dreißigjährigen Krieges viele in Süddeutschland, besonders in Schwaben und Franken, einige in Westdeutschland (Frankfurt, Aachen, Dortmund) und einige im Norden (Hamburg, Bremen, Lübeck). Auf dem Territorium des heutigen Österreich gab es keine einzige. Die wenigen größeren Städte – Wien, Graz und Innsbruck – waren ursprünglich Residenzen lokaler Fürsten und später Verwaltungszentren des habsburgischen Territorialstaates. Salzburg gehörte dem reichsten und mächtigsten Erzbischof im deutschen Sprachraum. Trotz seiner schwach entwickelten Stadtkultur hat Österreich – meistens mit zeitlicher Verzögerung – alle kulturellen Neuerungen und Wandlungen Westeuropas mitvollzogen. Aber eben »mit« und nicht von sich aus: Zwar hatten mitteleuropäische Städte wie Prag, Krakau und Wien schon im 14. Jahrhundert Universitäten – Erfurt, Heidelberg und Köln folgten erst einige Jahre später. Aber, so Schöpflin, sie waren »Kolonien«, denn »das Konzept stammte von anderswoher« – aus Paris, Oxford und Bologna.

Dieses Muster der Übernahme hat sich bis heute erhalten: Keine größere Reform hat es in Westeuropa gegeben, die Österreich nicht mitgemacht hätte. Nur die dazugehörigen Bewegungen, die die Reformen erst angestoßen haben, gehen an dem Land meistens vorbei. Das Neue wurde erlassen, nicht erkämpft, und man merkt es ihm noch lange an. Deutsche spüren das zum Beispiel an der Sprache. Zwar hat Österreich die Berufsausbildung ebenso reformiert wie das Sexualstrafrecht, es gibt Frauenförderpläne und eine EU-Leitstelle gegen den Rassismus, aber niemand käme auf die Idee, einen Lehrling »Azubi« zu nennen; noch immer hört man arglos, auch in der jüngeren Generation, von »Homos« oder von »Negern« reden, und Medizinerinnen finden nichts dabei, sich auf ihrem Praxisschild als »Arzt« zu bezeichnen. In Deutschland haben Reformbewegungen oft erst einmal die Wahrnehmung und oft auch die Sprache geändert, zuweilen bis zum Tugendterror der *political correctness*. Man spricht auch an Technischen Hochschulen von »Professorinnen und Professoren«, auch wenn es noch gar keine oder kaum Professorinnen gibt. Das findet man in Österreich albern. Dort ist die Reihenfolge in der Regel umgekehrt: Man führt ebenso zögerlich die nötigen Neuerungen ein, hat aber für die Bewegungen, die sie hervorbrachten, kein Verständnis.

Reformen kommen seit jeher von außen, und zwar über den Umweg von »oben«; in diesem Sinne ist Österreich östlicher als Deutschland. Diese Feststellung kann in einer Zeit, da das Östliche im Westen besonders inbrünstig verachtet wird und sich alle östlichen Länder nichts dringlicher wünschen, als zum Westen zu gehören, als Anlaß gebraucht werden, auf Österreich herunterzublicken. Zu Unrecht: Denn zum hier beschriebenen Mitteleuropa gehört auch Preußen, das ebenso wie Österreich keine freien Städte kannte. Preußen, das sich mit der Reichsgründung 1871 politisch über ganz Deutschland ausdehnte, ging einen anderen Weg als Österreich: Es übernahm nicht alles aus dem Westen, sondern schuf sein eigenes, aggressives, militaristisches Modell – mit den bekannten Folgen. Für den ungarischen Historiker Jenö Szücs, den das spezifisch Mitteleuropäische interessierte, entwickelte es aus einer ganz ähnlichen Mittellage wie Österreich einen »deformierten Musterabsolutismus, der mit seiner militärisch-bürokratischen Struktur dem östlichen Modell am nächsten stand, obgleich er mit westlicher Präzision verwirklicht wurde«.[8] Österreich entwickelte mit seinem Prinzip der Übernahme das mildere Modell. Im übrigen muß eine »koloniale« oder »kulturkoloniale« Vergangenheit kein Nachteil sein, wie die USA und Japan zeigen – und Österreichs »sekundäre« Universitäten haben im 20. Jahrhundert immerhin 16 Nobelpreisträger hervorgebracht. An den politischen und künstlerischen Bewegungen des 20. Jahrhunderts hatte das Land, teils mit hervorragenden Vertretern, einen deutlichen Anteil. Nur eigene Bewegungen brachte es keine hervor. »Austromarxismus«, »Austrofaschismus« und »Austrokeynesianismus« lassen sich schon im Namen als Adaptationen erkennen.

Das Scharnier zwischen dem Volksleben in Österreich und den Neuerungen aus dem Westen war traditionell der kaiserliche Hof, viel reicher und mächtiger als die kümmerlichen Residenzen der handtuchgroßen deutschen Fürstentümer oder die strenge und soldatische Hauptstadt, die der Emporkömmling Preußen auf den märkischen Sand baute. Der Kaiser klagte zwar immer wieder über Geldmangel, war aber reich genug, Künstler aus ganz Europa anzuziehen. Sein üppiges Mäzenatentum wurde in republikanischer Zeit durch

Geschichtsbewußtsein: Historische Stücke vom Leben bei Hofe gehörten zum festen Repertoire der Sommertheateraufführungen wie hier in Dürnstein/Niederösterreich.

eine großzügige Kulturförderung ersetzt. Der deutsche Wissenschaftler und Schriftsteller Franz Borkenau bewunderte das prächtige kulturelle Modell, das der Hof zu Wien geschaffen hatte. Aber, schrieb er: »Diese internationale, im wesentlichen lateinische, mediterrane und katholische, aristokratische, bürokratische, klerikale, brillante, doch irgendwie wurzellose Zivilisation der gehobenen Klassen lag die ganze Geschichte Österreichs hindurch in Streit mit den viel bescheideneren, eher rückständigen und sprachunfähigen, doch tief im Leben der Dörfer und Städte verwurzelten Elementen, die ihren Ursprung vor der Hochblüte des österreichischen Kaiserreiches hatten.«[9] Im prächtigen Wien, das in der Liga der Weltstädte spielte, gab es nur ein schwaches Bürgertum, und die Hauptstadt und ihr ärmliches und rückständiges Hinterland hatten kaum Bezüge zueinander. Kulturelle Moden konnten sich in Wien schon deshalb ungehindert ausbreiten, weil sie am Leben des Volkes eh nichts änderten. Damit gab es auch weniger beharrende Elemente, die die künstlerische Phantasie zügelten – wie es in Ländern wie der Schweiz oder Holland etwa die Kaufmannschaft und die reichen Bauern waren. Während in den Niederlanden handliche Bilder produziert wurden, die man kaufen und ins bürgerliche Heim tragen konnte, blühte in Wien die Musik, die – bevor man sie technisch reproduzieren konnte – ganz vom festlichen Augenblick abhängig war und keine Chance hatte, Handelsware zu werden.

Ein Land, das seine Ideen und Reformen importiert, braucht keine Rebellen, sondern visionäre Patriarchen. Österreichs Danton trug die Kaiserkrone, sein Rudi Dutschke war Bundeskanzler. Der größte Erneuerer dieses Typs war Joseph II. (1741–1790), ältester Sohn von Franz I. und Maria Theresia, ein Mann, von dem die überzeugten Bürgerlichen in ganz Deutschland begeistert waren. Als er 1765 Kaiser wurde und noch entschiedener dann nach dem Tod seiner Mutter 1780, setzte er die Erkenntnisse der Aufklärung in Österreich durch. Er schaffte die Folter ab und schuf ein weltliches Schulwesen, hob zahlreiche Klöster mit großem Landbesitz auf und befreite die Bauern von den feudalen Frondiensten, erließ Toleranzedikte für Protestanten und Juden, baute einen – damals modernen – Beamtenapparat auf und ließ Waisen-, Armen- und Krankenhäuser bauen – das alles nicht als Reaktion auf das Drängen eines erstarkenden Bürgertums, sondern aus eigener Machtvollkommenheit. Seine Ideen hatte er sich auf Reisen durch Frankreich, die spanischen Niederlande, das selbständige Holland, die Schweiz, Süddeutschland und Italien geholt – nicht zuletzt auch aus Rußland, wo Zar Peter I. seinem Land ein paar Jahrzehnte zuvor ebenfalls ein rigoroses und autoritäres Modernisierungs- und Europäisierungsprogramm verordnet hatte. Die wichtigsten Protagonisten des neuen Denkens waren nicht die Kaufleute und die Freiberufler, sondern einzelne Beamte und Priester. Vor allem kamen sie nicht aus Österreich. Kaiserberater Joseph von Sonnenfels stammte aus einer Berliner jüdischen Familie, der Arzt Gerard van Swieten aus dem holländischen Leiden.[10] Es war, wie in Rußland, eine Aufklärung ohne bürgerliche Aufklärer, die Österreich zwar nachhaltig veränderte, aber im gemeinen Volk auf Abwehr stieß und nach Josephs Tod 1790 auch heftige Gegenreaktionen hervorrief. Manche seiner Reformen, wie die Enteignung der Klöster und die Abschaffung der Leibeigenschaft, wurden wieder rückgängig gemacht. Ähnliche Züge lassen sich auch bei Bruno Kreisky (1911–1990) erkennen, dem sozialdemokratischen Reformkanzler der siebziger Jahre, der reformerischen Geist mit stramm autoritärem Gehabe verband und treffend »der Sonnenkönig« genannt wurde – eine Gegenfigur zum eher antiautoritären Willy Brandt.

Spätere Österreich-Mythologen wollten nach Joseph II. in aller weiteren Geschichte zwei grundlegende Prinzipien erkennen: ein »josephinisches«, d. h. reformerisches, aber auch staatsfixiertes, autoritäres und zentralistisches Prinzip, und im Gegensatz dazu ein konservatives, aber föderales und ausgleichendes »franziszeisches« Prinzip, benannt nach Josephs gemütlichem Vater Franz I. Erst beide Prinzipien zusammen ergäben Österreich – eine Art nationale Yin-Yang-Philosophie, versinnbildlicht durch den doppelköpfigen Adler im Reichswappen. Der Doppeladler hatte im Laufe seiner Verwendung als Staatswappen alles mögliche zu symbolisieren. 1867 wurde das Reich des Kaisers in zwei weitgehend autonome »Reichshälften« gegliedert: die österreichische und die ungarische. Auch in diesem Reich, der »Doppelmonarchie«, wollte man die beiden von Franz und Joseph verkörperten Prinzipien wiedererkennen: Österreich habe dort den friedlich-föderalen und Ungarn den aggressiv-zentralistischen Part gehabt. Später ließ der ewige Gegensatz sich dann im Parteiensystem der Republik ausmachen, wo sich Christlich-Soziale (später die ÖVP) und die SPÖ die Rollen geteilt hätten. Glücklich vereint seien beide »Reichshälften« in der Geschichte zweimal gewesen: unter Franz Joseph I., der zwischen 1848 und 1916 für 68 unvorstellbar lange Jahre auf dem Kaiserthron saß und der nach dieser Lesart nicht zufällig die beiden komplementären Namen zusammenführte, und das andere Mal unter der Großen Koalition aus SPÖ und ÖVP, die Österreich über 34 von 55 Nachkriegsjahren regiert hat.[11]

Auch aus dem stets von oben beglückten Volk in Österreich ist, wenn auch mit Verspätung und über einen historischen Umweg, eine Nation entstanden, eine, die von der Geschichte ihrer Entstehung geprägt ist. Das gilt für sie wie für jede andere. Die Franzosen zum Beispiel gewannen das Bewußtsein ihrer Zusammengehörigkeit in ihrer wilden Revolution von 1789, lernten voneinander die guten und die schlechten Seiten kennen und tragen nun seit mehr als 200 Jahren selbstbewußt die Verantwortung dafür, was mit ihrem Land geschieht. Die Deutschen schufen sich erst einmal eine Idee von ihrer Nation und delegierten die Verwirklichung dann an ihre mächtigsten Fürsten. Der König von Preußen (nach dem Verdikt seines Ahnen »erster Diener seines Staates«) und der Beamte Bismarck schufen das einige Deutschland im Auftrag des national denkenden Bürgertums – i. A., wie es bis heute in behördlichen Schreiben steht. Noch heute sind die Deutschen ihrem Staat treu, weil sie ihn für die Realisierung ihres Gedankens halten. Die österreichische Nation dagegen ist als murrendes Volk entstanden: immer wieder von fragwürdigen und unverstandenen Reformen aus der Ruhe des täglichen Treibens gebracht, von fortschrittlichen Erlässen und Gesetzen genervt, von ihrem angeblichen »Deutschtum« und anderen Ideologien belästigt, ständig mit neu zugereisten Nachbarn beglückt, bis der lästige Hof endlich weg war und man befreit ausrufen konnte: Mir san mir! Zu deutsch heißt die Parole »Wir sind wir!«, und in den Schicksalsstunden des republikanischen Österreich wird sie regelmäßig reaktiviert. »Das Volk«, als träges, beharrendes Element bisher immer nur der dialektische Widerpart des Hofes, siegte nicht, es blieb nur übrig. Seine Phantomschmerzen äußern sich heute in der Verachtung »der Politiker« mit ihren ewigen Veränderungen ebenso wie in den wiederkehrenden Wellen der Habsburg-Nostalgie. In Deutschland entspricht dem »Mir san mir« das »Wir sind wieder wer«, die Parole, die zum erstenmal nach der Fußball-Weltmeisterschaft 1954 zu hören war. In ihr steckt nicht nur der altbekannte Geltungsanspruch, sondern auch ein historisches Element: »Wieder« wer sein kann nur, wenn schon mal wer war. Das deutsche Volk hat Geschichte, für die es fatalen Stolz empfinden, für die es sich aber auch schämen kann. Das österreichische Volk konstituiert sich zur jeweiligen Obrigkeit immer neu. Es fühlt sich nicht als autonomer Akteur. Wenn einer als »Österreich« handelt, ist es die Regierung, von der man sich wenigstens dann, wenn man sie nicht gewählt hat, leicht distanzieren kann. »Das Volk«, ihr jeweiliger Widerpart, agiert nicht, es verweigert sich höchstens. Es hat deshalb auch keine eigene Geschichte und kann folglich auch keine Verantwortung für sie spüren.

Deutsche und Österreicher haben von ihrer jeweiligen Nation einen ganz anderen Begriff, was sich in einer typischen deutsch-österreichischen Sprachverwirrung niederschlägt. Nirgendwo auf dem Kontinent wird »der Nationalismus« so scharf gegeißelt wie in Österreich. In ihrer Gegnerschaft zum »Nationalismus«, besonders im früheren Jugoslawien, sind Linke wie Rechte vereint. Deutschen, die den Nationalismus rechts einordnen, ist das fremd. Gibt sich in Österreich jemand öffentlich als »national« zu erkennen, nimmt womöglich sogar der Staatsanwalt Witterung auf – denn die Österreicher verwechseln das Unwort »national«

häufig – und historisch nicht zufällig – mit »nationalsozialistisch«.

Daraus darf man nicht schließen, daß den Österreichern ihre nationale Zugehörigkeit egal wäre. Das Gegenteil ist richtig. Zu 88 Prozent sind sie »stolz« oder »sehr stolz« darauf, Österreicher zu sein; in Westdeutschland empfanden 1990 solche Gefühle nur 58 Prozent. 66 Prozent vertrauen im allgemeinen »den Österreichern«, aber nur 59 Prozent Deutsche »den Deutschen«.[12] Das ist kein Zeichen für allgemeine Vertrauensseligkeit gegenüber den Mitbürgern. Fragt man nämlich die Deutschen wie die Österreicher, wie sehr sie einfach »anderen Menschen« vertrauen, ohne deren Volkszugehörigkeit eigens anzugeben, stellt sich heraus, daß die Deutschen sogar etwas mehr Vertrauen haben. Auch im internationalen Vergleich rangieren die Österreicher mit ihrem Nationalstolz weit vorn: »Sehr stolz« auf sich und ihresgleichen sind 87 Prozent der Amerikaner, 58 Prozent der Briten und 53 Prozent der Österreicher, aber nur 42 Prozent der als »nationalistisch« verschrienen Franzosen, 31 Prozent der angeblich eigenbrötlerischen Schweizer und nur 21 Prozent der Deutschen.[13] Die Meinungsforscher haben auch herausbekommen, worauf die Österreicher besonders stolz sind: auf die »Landschaft« (97 Prozent) und den »politischen und sozialen Frieden« (96 Prozent).

Der scheinbare Widerspruch zwischen hohem Nationalstolz und tiefer Verachtung des Nationalismus ist bloß ein Mißverständnis. »National« heißt in Österreich »deutschnational«, echt österreichischer Nationalismus dagegen wird mit dem Wort »Patriotismus« bezeichnet. Das ist nicht ein bloßer Euphemismus, wie man ihn aus anderen Ländern kennt, wo sich die Nationalisten ebenfalls lieber »Patrioten« nennen, weil es gefälliger klingt. Es bezeichnet vielmehr einen echten Unterschied. »Nationalist« ist, wer sich und seine österreichischen Landsleute für Deutsche hält, »Patriot«, wer die österreichische Nation anerkennt. Noch heute existieren in Österreich, wenn auch in sehr ungleichem Größenverhältnis, zwei Nationalismen nebeneinander. Nach dem Zweiten Weltkrieg wurden die Österreicher immer wieder gefragt, als was sie sich

Patriotismus als politisches Thema: Bekenntnis des Waldheim-Gegenkandidaten Kurt Steyrer im Präsidentschaftswahlkampf 1986.

fühlten: als Österreicher oder als Deutsche. Um 1956 hatte das österreichische Nationalgefühl das deutsche überflügelt: 49 Prozent meinten, die Österreicher seien ein »eigenes Volk«, und nur noch 46 Prozent, sie seien ein »Teil des deutschen Volkes«. Seither setzte sich die mehrheitliche Auffassung flächendeckend durch: 1970 hielten sich schon zwei Drittel der Österreicher für eine Nation, 1987 waren es drei Viertel – und bis heute ging es, bis auf einen kleinen Einbruch um die Zeit der deutschen Wiedervereinigung, immer so weiter.[14]

Die meisten europäischen Nationen haben sich im 18. und 19. Jahrhundert herausgebildet, erst die französische und die britische, dann die deutsche und die italienische, die serbische, die griechische oder die tschechische. Menschen, die sich bis dahin nur als Katholiken oder Orthodoxe, als Bauern oder Adelige, als Stadtbürger oder Untertanen eines Fürsten empfunden hatten, begannen sich als Angehörige einer Nation zu fühlen. Das hatte häufig mit der gemeinsamen Sprache zu tun, aber durchaus nicht immer: Deutschsprachige Franzosen sind nach ihrem Selbstgefühl Franzosen, frankophone Schweizer und Belgier aber nicht. Bei den Deutschen entwickelte sich das Nationalgefühl, bevor es einen Nationalstaat gab. An der Bildung zur Nation nahmen Deutschsprachige in allen möglichen Staaten, auch in Österreich, in Ungarn und sogar in Rußland, teil; bis heute fühlen sich Menschen mit rumänischem oder kasachischem Paß als »Deutsche«. In Österreich-Ungarn, einem Vielvölkerstaat, waren die Deutschsprachigen eine Volksgruppe unter vielen. Was ihre Nationalität betraf, waren sie »Deutsche«; »Österreicher« dagegen konnte auch ein Tscheche, Slowene oder Italiener sein. Das eine meinte die Nations- oder Volkszugehörigkeit, das andere die Staatsangehörigkeit. Auch die österreichischen Deutschen hielten Goethe und Schiller für »ihre« Dichter. Große Denkmäler der beiden stehen in Wien am Ring.

Das Nationalgefühl der österreichischen Deutschen war nicht so stark ausgeprägt wie in weiten Teilen des heutigen Deutschland: Der Nationalismus war vor allem eine Ideologie des Bürgertums, das in Österreich zahlenmäßig kleiner und gegen den mächtigen Hof viel schwächer war, und außerdem gab es mit dem habsburgischen Territorialstaat noch ein zweites, konkurrierendes und nicht unattraktives Identifikationsangebot, das Bewohner mitteldeutscher Kleinstaaten nicht hatten. Österreich war schließlich eine europäische Großmacht. Vielleicht fühlte sich um 1850 ein Österreicher ebenso als Österreicher, wie sich ein Hesse eben als Hesse fühlte – beide hielten das für keinen Widerspruch zu ihrer deutschen Identität. Nur fühlte man sich als Hesse eben nicht so gut wie als Österreicher. Die Entstehungsgeschichte der österreichischen Nation am Rande einer anderen, größeren, ist ungewöhnlich, aber nicht einzigartig. Viele Montenegriner zum Beispiel hielten sich bis ins 20. Jahrhundert ebenfalls für Angehörige einer größeren Nation, der Serben. Von den Serben wird ihre nationale Eigenständigkeit deshalb bis heute nicht richtig ernstgenommen – auch das eine Parallele zum Fall Österreich.

Die deutsche Nation entstand irgendwann nach den sogenannten Befreiungskriegen gegen die napoleonische Herrschaft im zweiten Jahrzehnt des 19. Jahrhunderts, und schon weit vor der Reichsgründung 1871 war das nationale Gemeinschaftsgefühl der Deutschen voll ausgebildet. Die österreichische Nation entstand dagegen erst nach dem Zweiten Weltkrieg. Sie ist nicht einfach als »Abspaltung« aus der deutschen heraus entstanden, sondern hat ihre eigenen Wurzeln in einem besonderen Staatsgefühl und einer regionalen Identität. Es waren auch nicht dieselben Menschen und politischen Parteien oder nur dieselben Schichten, die sich erst für die deutsche und dann für die österreichische Nation hielten. Als »Deutsche« fühlten sich besonders gern die liberalen Bürger und später die Sozialdemokraten, die es beide haßten, mit rückständigen Klerikern in einem Zwergstaat eingesperrt zu sein. Deutsch sein hieß fortschrittlich sein, mit der Zeit gehen. Als Österreicher sahen sich lieber die Kirchen- und Kaisertreuen, die konservativen Bauern und später auch viele Arbeiter, die zum Staat ein eher pragmatisches Verhältnis hatten und mit nationalem Schwulst nichts anfangen konnten. Einen regelrechten Wechsel in seinem Nationalgefühl machte – manchmal nur ungern, spät und widerstrebend – derjenige

Teil des Bürgertums durch, der dem Hofe immer ferngestanden hatte.

Aus dem Jahrhundert von 1850 bis 1950, als die Bürger beider Länder ein gemeinsames Nationalgefühl verband, haben sich die Österreicher ein besonderes Verhältnis zu den Deutschen bewahrt. Wenn jemand in unserem Dorf über »Ausländer« herzog, pflegten wir anfangs schüchtern einzuwenden, wir seien schließlich selber welche. Das wurde dann meistens mit einem herzhaften Lachen quittiert. Ach wo, ihr doch nicht! In der Freitagsausgabe der Regionalzeitung steht bei zahlreichen Wohnungsangeboten der Vermerk: Keine Ausländer! Auch da ergaben einige Proben aufs Exempel, daß wir – »na geh', ich bitt' Sie« – nicht gemeint waren. Wohl aber zum Beispiel Niederländer: Rief man als Niederländer an, wurde die Frage, ob man nicht mal eine Ausnahme machen wolle, zwar positiv beschieden, aber doch als berechtigte Frage akzeptiert. Das Sonderverhältnis der Österreicher zu den Deutschen läßt sich am besten an der Gliederung der Telekom-Auskunft ablesen. Dort gab es bis zu einer kürzlichen Umorganisation drei Nummern zu wählen: eine für die Inlandsauskunft, eine fürs Ausland und eine für Deutschland. Seit der Umstellung gibt es nur noch zwei: eine für Österreich und Deutschland und eine andere für den Rest der Welt. Die Deutschen sprechen selbstverständlich von »Österreichern« als Angehörigen eines zwar nicht sehr fremden, aber doch anderen Volkes. Nicht so die Österreicher, die sich auch zehn Jahre nach der Wiedervereinigung mit dem richtigen Wort schwer tun. Sie sagen meistens, jemand sei »deutscher Staatsbürger« oder »Bundesdeutscher«. Das in der Nachkriegszeit verbreitete Wort »Bundesdeutscher« unterschied im Munde der Österreicher, wie sich jetzt zeigt, nicht den BRD- vom DDR-Bürger, sondern den Österreicher vom Deutschen und war damit eine Aktualisierung des älteren Begriffs vom »Reichsbürger«. Einfach »Deutscher« sagen wenige.

Die Sprachverwirrung sollte nicht zu falschen Schlüssen verleiten: Anschlußsehnsucht, wie sie ihnen in Deutschland gelegentlich noch unterstellt wird, beseelt die Österreicher nicht. Ihr Bewußtsein entspricht eher den drei Nummern der Telefonauskunft: Zwischen In- und Ausland gibt es eine dritte Kategorie, die in der Umgangssprache keinen Namen hat und die in den Zeitungen meistens »deutscher Sprachraum« genannt wird. Wenn unter 120 Opfern eines Flugzeugabsturzes drei Österreicher sind, titelt die meistgelesene Zeitung des Landes: »Drei Österreicher abgestürzt!« Sind keine Österreicher, aber fünf Deutsche unter den Opfern, so wird die Schlagzeile lauten »120 Tote bei Flugzeugabsturz«, und im Text werden die fünf Deutschen besondere Erwähnung finden – eine Ehre, die Italienern oder Ungarn nicht zuteil würde. Für viele qualifizierte Berufstätige ist die Kategorie »deutscher Sprachraum« von sehr praktischer Bedeutung: Die Chance, in Deutschland einen Arbeitsplatz zu bekommen, ist wenigstens statistisch zehnmal größer als die im eigenen Land. Umgekehrt fallen Arbeitsmarktchancen in Österreich für Deutsche nicht ins Gewicht. Österreicher gucken sich zunehmend deutsche Privatfernseh-Programme an und lesen schon lange deutsche Illustrierte. Beide, Privatsender und *yellow press*, gehen wie selbstverständlich von deutschen Zuschauern oder Lesern aus und berücksichtigen die Österreicher nicht eigens.

Wer aus Österreich nach Deutschland geht, geht in der Umgangssprache nach »draußen«. Dahinter steckt die Vorstellung von Österreich als einer Art Innenraum und von Deutschland als der großen Welt – das Nachbarland ist für viele Österreicher, auch wenn sie es auf Nachfrage ungern zugeben, ein bißchen Amerika. »Draußen« meint nicht exklusiv Deutschland; auch wer nach Frankreich oder nur nach Tirol zieht, geht nach »draußen«. Wo das Drinnen aufhört und das Draußen anfängt, hängt vom Horizont des Sprechers ab. Nicht nach »draußen«, sondern nach »unten« geht dagegen, wer ins frühere Jugoslawien reist. »Unten« ist der Balkan nicht, weil der Süden auf Landkarten eben weiter unten abgebildet wird – denn dann müßten Deutschland oder Tschechien ja »oben« liegen, was sie in der Alltagssprache aber nicht tun. Hinter der symbolischen Verortung steht wohl eher die Vorstellung von Wien als dem Kopf Südosteuropas – dem von der Masse des Leibes aus gesehen entlegenen, aber auch überlegenen, steuernden Körperteil. Österreich verkaufte es früher gern als seine »Mission« und, wie es in der Nationalhymne heißt, »hohe Sendung«, den Berg- und Steppenvölkern des Ostens die Zivilisation zu bringen. »Unten« haben viele Österreicher ihre familiären Wurzeln. Auf Freudsche Gedanken kann man kommen, wenn sie fürchten, daß bei der EU-Osterweiterung »alles von unten aufikommt«.

Wie alle Nationen projiziert auch die österreichische sich gern in die fernere Vergangenheit zurück, was manchmal zu kuriosen Ergebnissen führt. Denn wenn die Österreicher sich an ihre »großen Söhne« und, seltener, Töchter erinnern, kommen sie notgedrungen den Deutschen in die Quere. Zum 1000. Jahrestag der ersten Erwähnung eines »ostarrichi« 1996 baute die Stadt Wien im Park des Kaiserschlosses Schönbrunn eine »Galerie der 1000« auf, die genau eintausend große Österreicherinnen und Österreicher vorstellen sollte. Unter ihnen findet sich der Literatur-Nobelpreisträger Elias Canetti, der im heutigen Bulgarien geboren wurde, in London, Wien und der Schweiz aufwuchs, 1938 aus Wien wieder nach London emigrierte und die Nachkriegszeit vorwiegend in der Schweiz verbrachte, wo er 1994 starb. Ein »großer Österreicher« ist auch der Heilige Petrus Canisius, der 1521 im niederländischen Nimwegen (Nijmegen) zur Welt kam und in Freiburg (Fribourg) in der Schweiz gestorben ist. Zu »Österreichern« werden in der Rückschau aber auch alle Deutschsprachigen aus der Zeit der Monarchie, selbst wenn sie (wie der Prager Autor und Kafka-Herausgeber Max Brod) nie auf dem Territorium des heutigen Österreich gelebt haben oder es gar (wie Kaiser Karl V.) nicht einmal zu Gesicht bekommen haben. »Österreicher« sind selbstverständlich die Südtiroler Rebellen Andreas Hofer oder Michael Gaismair, aber auch der Dichter Rainer Maria Rilke, der aus Prag stammte und sein rastloses Leben vorwiegend im niedersächsischen Künstlerdorf Worpswede und in der Schweiz verbrachte, oder die deutsche Schauspielerin Adele Sandrock, die in Wien wenigstens begraben liegt. »Entscheidend konnte nur der Beitrag zur Entwicklung Österreichs sein«,[15] formulieren die Ausstellungsmacher ihr Kriterium. Etliche berühmte Österreicher: Beethoven, Metternich oder der Rennfahrer Jochen Rindt, der übrigens nie österreichischer Staatsbürger war, stammten aus Deutschland. An ihrer Zugehörigkeit zweifelt trotzdem niemand. Nach einem bekannten Spruch besteht das Geschick der Österreicher darin, Beethoven zu einem der Ihren und Hitler zum Ausländer gemacht zu haben. Österreich ist im Bewußtsein seiner Bürger eben nicht in erster Linie ein Land, auch kein Staat, sondern bis heute ein Hof, an dem man aufgenommen wird, den man verlassen, von dem man aber auch verstoßen werden kann.

Rückwirkende Einbürgerungen gibt es auch von der deutschen Seite. Sie tragen aber einen anderen, einen einnehmenden Charakter, denn wer Deutscher wird, kann im Bewußtsein seiner neuen Landsleute nicht gleichzeitig Kroate, Ungar oder Österreicher sein. Die österreichische Diplomatin Gabriele Holzer hat fahrlässige bis arrogante Eindeutschungen von Österreichern in der deutschen Presse und Literatur zusammengetragen und kam in wenigen Jahren auf eine stattliche Anzahl: Als »Deutsche« firmierten da die Wiener Sigmund Freud, Arnold Schönberg, Romy Schneider und Otto Weininger, die Kärntner Robert Musil und Peter Handke, der Tiroler Norbert Gstrein und der böhmische Jude und spätere Wiener Katholik Karl Kraus.[16] Wie eine Parodie liest sich der Titel einer Anthologie aus dem deutschen Fischer-Taschenbuchverlag: »Deutschland erzählt. Von Rilke bis Handke«. Gegen den gebürtigen Bonner Beethoven lassen sich die eingedeutschten Österreicher nicht aufrechnen. Österreicher kann man werden, Deutscher ist man entweder immer schon oder wird es im Bewußtsein der Deutschen nie richtig. Die eingedeutschten Österreicher sind allesamt gestohlen. Die austrifizierten Deutschen sind nur geliehen.

»Große Österreicher«, die den Ruhm des Hofes mehren, gibt es genug. Aber nationale Mythen, »Erzählungen«, wie die moderne Nationenforschung sie überall sonst nachweist, kennt Österreich so gut wie nicht. Die Deutschen hatten im 19. Jahrhundert ihre »Hermannsschlacht« und ihren Kaiser Rotbart, die Befreiungskriege und die Kaiserproklamation im Spiegelsaal von Versailles, die Niederländer ihre Befreiung von den Spaniern, die Schweizer Rütlischwur und Winkelried. Die Österreicher haben so etwas nicht: Im 19. Jahrhundert, als die nationalen Mythen überall in Europa entstanden, gab es im dynastischen Vielvölkerstaat dafür keinen Bedarf. Man hatte ja Seine Majestät den Kaiser. Wo in der damaligen Donaumonarchie nationale Mythen entstanden – unter den Tschechen, den Ungarn, den Slowenen, aber auch unter den Deutschen – waren sie gegen das anationale Kaiserreich gerichtet.

In den fünfziger Jahren des 20. Jahrhunderts, als die österreichische Nation sich konstituierte, war die Konjunktur der großen Gründungserzählungen schon lange vorbei. Es gebe heute »keine einzige gemeinsame Erzählung, die die Österreicher, von rechts bis links, miteinander verbände«, sagt der Wiener Kulturwissenschaftler Alfred Pfabigan. Österreich besteht für ihn aus zwei einander feindseligen geistigen Lagern, die sich seit der Gegenreformation im späten 16. Jahrhundert herausgebildet haben: auf der einen Seite das katholische, konservative, über lange Zeit kaisertreue und antinationale, auf der anderen Seite das ursprünglich evangelische, später liberale und deutschnationale, dessen Erbe zum Teil die heutige Linke angetreten habe. Versuchten die Konservativen, Österreichs Erinnerung in hausfromme Legenden einzuspinnen, so beschimpften die Linken alles Österreichische maßlos. »Seit Jahrzehnten herrscht praktisch geistiger Bürgerkrieg«, sagt Pfabigan.

Tatsächlich schwankt Österreich – für den Ausländer verblüffend – stark zwischen Verklärung und Verdammung der eigenen Nation. Als Papst Paul VI. 1971 bei einer Audienz für den damaligen Bundespräsidenten Franz Jonas, allerlei Unbilden der neuen Zeit beklagend, Österreich als »Insel der Glücklichen« bezeichnete,[17] schuf er ein Zitat, das, als »Insel der Seligen«, seinen festen Platz in allen Sonntagsreden erobert hat und wenigstens von Konservativen ganz ohne Ironie verwendet wird. Ihm entspricht auf der anderen Seite das Wort von der österreichischen Nation als einer »historischen Mißgeburt«, das vom weit rechts stehenden FPÖ-Führer Jörg Haider stammt und dessen Popularität unter den Abkömmlingen dieser »Mißgeburt« nicht im mindesten Abbruch tat.

Eine konstante Größe in Österreichs Geistesleben sind auch die großen Österreich-Beschimpfer von Robert Musil über Karl Kraus, Thomas Bernhard, Elfriede Jelinek bis zu Gerhard Roth und Robert Menasse. Das Bild, das sie von ihrer eigenen Nation zeichnen, können auch kritische Ausländer schwer mit ihrer eigenen Erfahrung zusammenbringen. Man bekommt die Fundamentalkritik oft zu hören, wenn man es sich als Ausländer erlaubt, auf einen konkreten Mißstand hinzuweisen. Sagt man: »Heute habe ich wieder drei Stunden wegen eines Papiers auf dem idiotischen Bezirksgericht zugebracht!«, kriegt man nicht selten zur Antwort: »Ja, wir leben wirklich noch im 19. Jahrhundert!« Oft finden sich Verklärung und Verdammung sogar in einem Kopf. Wer auf die Interviewfrage bekennt, »stolz« auf Österreich zu sein, kann Minuten später mit Ekel über sein »kleingeistiges« und »provinzielles« Land reden.

Auf die Idee, sich und ihre Landsleute pauschal mit »den« Deutschen zu vergleichen, kommen die Österreicher selten. Wenn im Gespräch mit Deutschen der Unterschied Erwähnung findet, nennen sie sich lieber »Tiroler« oder »Kärntner«. »Österreicher« klingt in ihren Ohren amtlich oder pathetisch, so wie wenn Politiker von »Wählerinnen und Wählern« reden. Tatsächlich spielen die regionalen Identitäten in Österreich eine viel wichtigere Rolle als in den meisten anderen europäischen Ländern. Jedes Bundesland hat seine eigene Hymne, die man in der Schule auswendig lernen muß, jedes hat sein Wappen auf dem Autokennzeichen und sogar seinen eigenen Heiligen, an dessen Todestag Schulen und Ämter geschlossen haben. Tirol verfügt mit dem antinapoleonischen Aufstand unter Andreas Hofer über einen starken Landesmythos, um den es mancher souveräne Staat beneiden kann. Über Kärntner und Burgenländer werden eine Art Ostfriesenwitze erzählt. Auf Länderebene hat das Volk also durchaus Eigenschaften. Tiroler, Vorarlberger, Steirer und Kärntner erklären sich in Umfragen ihrem Bundesland deutlich enger verbunden als dem Staate Österreich, bei Wienern und Salzburgern hält sich das Verhältnis in etwa die Waage. Mehr als »Österreicher« denn als Bürger ihres Bundeslandes fühlen sich nur die Ober- und Niederösterreicher und die Burgenländer.[18] Die Bundesländer sind fast alle erheblich älter als die Republik Österreich in ihren heutigen Grenzen – mit Ausnahme des Burgenlandes, das 1920 aus deutschsprachigen Gebieten Westungarns gebildet wurde. Ober- und Niederösterreich tragen den Staats- als Nachnamen. Ihre Bürger sind Österreicher in einem engeren Sinne, der vor gut hundert Jahren noch lebendig war. Der Heimatdichter Peter Rosegger schaute, als er »noch der Waldbauernbub war«, vom Semmering-Paß aus »ins Österreicherland hinaus« – wobei vor seinen Augen Niederösterreich, in seinem Rücken aber die Steiermark lag, die offenbar nicht dazugehörte.[19] Deutsche sind alle gleich deutsch. Österreicher ist man je nach Bundesland mehr oder weniger.

Wenn die Österreicher über ihre Nation auch keine gemeinsamen Erzählungen haben, so pflegen sie doch ihre Stereotype – meistens in Abgrenzung zu den Deutschen. Besonders intensiv geschah das in den fünfziger Jahren, als die Österreicher gegen die Nachbarn ein festes Selbstbild entwickelten. Am reinsten ausgedrückt ist dieses neue Selbstbild in den Filmen jener Jahre, in denen der reiche, protzig auftretende »deutsche Gast« mit dem Sportwagen auf dem Berghof vorfährt und die herzige, aber naive Wirtstochter umgarnt und blendet. Die schenkt ihr Herz am Ende dann aber doch dem einfachen Nachbarsburschen auf dem Moped, der den reichen Fremden mit Charme, Humor und List aussticht.

Der Filmplot ist die Umsetzung einer politischen Geschichte, die in jenen Jahren erzählt wurde, ins Alltagsleben: daß nämlich die bauernschlauen Österreicher nach dem Krieg mit Charme und Tücke den sentimentalen Russen die nationale Einheit abgeluchst hätten, während die einfallslosen und unflexiblen Deutschen stur auf ihrem Recht bestanden und damit in Moskau natürlich nichts ausrichteten. Österreich wurde, wie Deutschland auch, nach dem Zweiten Weltkrieg von den vier Alliierten besetzt und in Zonen aufgeteilt, durfte aber schon 1945 wieder eine nationale Regierung bilden. Zehn Jahre später zogen die Alliierten ab und gaben Österreich mit dem sogenannten Staatsvertrag im Tausch gegen

Denkmale des Regionalbewußtseins: »Für Gott und Heimat« starb einst dieser Osttiroler im Kampf mit den Franzosen.

das Versprechen der Neutralität seine volle Souveränität zurück. Die Geschichte von Österreichs diplomatischem Erfolg wurde komplementär und mit umgekehrter Wertung auch in Deutschland erzählt: daß die Österreicher sich aus der gemeinsamen Verantwortung für die Nazizeit mit billigen Tricks und Kniffen davongestohlen hätten, statt, wie die Deutschen, »anständig« dafür »geradezustehen«.

Die österreichischen »Heimatfilme« der fünfziger Jahre wurden gerade in Deutschland gern gesehen, denn sie bedienten nicht nur die Klischees der Österreicher, sondern auch die der Deutschen. Das deutsche Stereotyp des Österreichers schwankt zwischen dem »tirolerischen« vom naiven »Alpentrottel«, der jeden Sonntag in die Kirche rennt und alles glaubt, was man ihm sagt, und dem vom schleimigen und hinterlistigen »Wiener Schlawiner«. Auf der anderen Seite steht das alte, noch immer nachwirkende Selbstbild vom tüchtigen und braven, aber »blauäugigen« deutschen Michel, der gegen fremde – meistens »welsche« oder »jüdische« – Tücke kein Mittel hat, ein Klischee von den Deutschen, das ebenfalls in beiden Ländern verbreitet ist. Die Deutschen halten die Österreicher für verschlagen, aber eben auch für schlauer, die Österreicher die Deutschen für täppisch, aber eben auch für geradeaus. Wer in Österreich als schlicht, aber offen und ehrlich gilt, wird im Volksmund »gerader Michel« genannt. Beide Klischees, das vom Österreicher und das eine vom Deutschen, kommen in den Schmachtstreifen der fünfziger Jahre vor. Der deutsche Zuschauer darf sein Ebenbild auf der Leinwand »direkt« und »erfolgreich« finden und sein naßforsches Draufgängertum bewundern. Einem Österreicher, der den gleichen Film anschaut, wird derselbe Porschefahrer großschnauzig, frech und täppisch vorkommen, und er wird sich amüsieren darüber, daß der Angeber vor lauter Selbstverliebtheit gar nicht merkt, wie ihm die Felle wegschwimmen. Umgekehrt darf der Deutsche den einen Filmösterreicher für hinterwäldlerisch und den anderen für verschlagen halten. Österreichische Zuschauer werden in denselben Figuren entweder schlichte und aufrichtige oder aber elegante und listige Landsleute erkennen.

Die Österreicher teilen die Klischees über sich und ihre deutschen Nachbarn, werten sie aber meistens anders. Deutsche, die es darauf anlegen, können sich von Österreichern aufrichtig für ihre »Tüchtigkeit« bewundern lassen. Sie verstehen aber den Subtext nicht. Der lautet: Deutsche schuften wie verrückt, machen keine Pausen, dafür aber viel Wind – während die Österreicher mit Geschick und Gelassenheit mindestens ebensoweit kommen. Was die Deutschen an sich selbst »geradeaus« finden, ist für die Österreicher »plump« und »kraß«.

Die Österreicher halten sich auch keineswegs für eine »harmlos sympathische, aber wenig tüchtige Abart des deutschen Menschen«, wie schon 1924 der aus Frankfurt stammende und in Österreich lebende Schriftsteller Oskar A. H. Schmitz das deutsche Klischee vom Österreicher treffend zitierte.[20] Sie reklamieren vielmehr ihre eigene Form von Tüchtigkeit und erkennen sich in den Geschichten vom genialischen Erfinder, der von einer ignoranten Obrigkeit verkannt wird, aber auch selber nicht stur und beharrlich genug ist, seine Erfindung zu Geld zu machen.

Der konservative Publizist Willy Lorenz, einer der eifrigsten Mythenproduzenten der fünfziger Jahre, hat Erfinderschicksale zusammengetragen, die »die tiefe Tragik des Österreichers« belegen sollen. Der Förster Josef Ressel zum Beispiel erfand 1827 die Schiffsschraube. Aber eine kleine Kesselexplosion bei der Probefahrt seines Modelldampfers war »Grund genug für die Polizei, alle weiteren Versuchsfahrten zu verbieten«. Der Bürger ist klug, aber die arrogante Obrigkeit merkt es nicht und schikaniert ihn nur. Typisch Österreich, immer dasselbe: Der Südtiroler Schreiner Peter Mitterhofer baut 1864 eine hölzerne Schreibmaschine. Er präsentiert sie in Wien, und dort findet eine technische Kommission sie »interessant, aber unbrauchbar«. Der gutmütige, aber wenig dynamische Kaiser schließlich kauft ihm die Maschine für einen Spottpreis ab und stellt sie ins Museum. Dort entdeckt sie ein Amerikaner, baut sie nach und macht sie zu Geld. Der Schneider Josef Madersperger erfindet 1814 die Nähmaschine, läßt sie patentieren, findet aber keinen Financier und stirbt im Armen-

Lebensmotto: »Sag kein bitteres Wort – Es bringt keine gute Frucht«. Blumenverkäuferin und Biobauer auf einem Wiener Herbstfest.

haus. Jahre nach seinem Tod kommt ein anderer, wieder ein Amerikaner, mit der Erfindung groß raus.[21]

Man kann diese Geschichten auf verschiedene Art lesen – zum Beispiel als larmoyante Klage des schwachen österreichischen Bürgertums, das immer bei Hofe geachtet werden will und doch immer verachtet wird. Dann müßte man daraus die Konsequenz ziehen, daß die Bürger besser auf ihre eigene Kraft vertrauen sollten, statt auf die Einsicht der Obrigkeit zu hoffen. Mythenproduzent Lorenz nutzte die Fälle aber lieber, die existentielle Kategorie des zu gemütlichen, zu milden, ewig an sich selbst scheiternden Österreichers zu schaffen: »Oft müßte der Österreicher nur noch einen letzten, einen allerletzten kleinen Schritt tun, um sein Werk zu vollenden.«[22] Daß der Austro-Mythologe die großen Stufen von einer Erfindung über die Produktentwicklung zur Vermarktung als »allerletzten« und »kleinen Schritt« verniedlicht, sagt vielleicht mehr über die Gründe des Scheiterns dieser Erfindungen aus, als er selbst merkt.

Aber um die verhinderten Industriellen geht es Lorenz gar nicht. Die »tiefe Tragik des Österreichers«, unter der die Erfinder zu leiden haben, äußert sich genauso in den vielen vergebenen Siegen auf dem Schlachtfeld: Bei Kolin 1757 befahl der siegreiche Feldherr den Rückzug, obwohl er die Schlacht gegen die Preußen eigentlich gewonnen hatte. Nach der Schlacht von Kunersdorf zwei Jahre später stand »der Weg nach Berlin offen«, aber die allzu gütige Maria Theresia wollte nicht. Bei Aspern 1809 mochte der Erzherzog Karl nicht glauben, daß er gegen den unbezwinglichen Napoleon gewonnen hatte. Bei Solferino 1859 gab Kaiser Franz Joseph zu früh den Befehl zum Rückzug, und nach Königgrätz schloß er unnötigerweise Frieden.[23] Immer waren die Österreicher zwar sehr stark, aber nicht bissig genug. Sie glaubten immer an das Gute im Menschen – was ihnen ja irgendwie auch wieder zur Ehre gereicht. In der Geschichte von Königgrätz, dieser entscheidenden Schlacht des Jahres 1866, die Österreich von Deutschland abtrennte, vereinigt sich der Mythos vom tapferen, aber zu vertrauensseligen Soldaten mit dem vom verkannten Erfinder: Die Preußen siegten nämlich mit Hilfe des Zündnadelgewehrs, das in Österreich erfunden, dort aber mal wieder nicht richtig ernstgenommen worden war.

Im heutigen Nationalbewußtsein sind alle diese Erzählungen natürlich nicht mehr präsent – junge Österreicher interessieren sich für historische Mythen genausowenig wie ihre deutschen oder amerikanischen Altersgenossen. Übriggeblieben sind davon aber das Gefühl, Österreich werde beständig verkannt, und die Tendenz, den Mißerfolg für eine Tugend auszugeben.

Nach ihrem Selbstbild befragt, verwenden die Österreicher gern das sogenannte Phäakenstereotyp. Sie sehen sich selbst vor allem als »lustig« und »gemütlich«, wie Meinungsumfragen ergeben haben[24] und man auch ohne Verwendung sozialwissenschaftlicher Methoden leicht herausfinden kann. Sie erkennen sich gern in skifahrenden und -springenden Teufelskerlen wie Hermann Maier oder Andi Goldberger, die alles nicht so eng sehen. Die sagenhaften, historisch nicht belegten Phäaken kommen in Homers »Odyssee« vor und sind ein von den Göttern geliebtes und mit allen Gütern des Lebens gesegnetes, heiteres und genußliebendes Völkchen, bei dem Odysseus, gewissermaßen als erster Tourist, gastliche Aufnahme fand. Der »typische Österreicher«, vor allem der typische Wiener, ist der »liebe Augustin«, ein Wiener Straßensänger, Sackpfeifer und Stegreifdichter des 17. Jahrhunderts, der in Liedern, Gedichten und Anekdoten weiterlebt. Der »liebe Augustin« soll im Pestjahr 1679 betrunken in eine Grube mit Pesttoten gefallen sein und sich nicht angesteckt haben.

Das gemütliche Temperament und das Talent zur historischen List werden in den Volkserzählungen auch gern zur Erklärung der Geschichte herangezogen. Über der ganzen, ewig langen Habsburgerzeit, die für Österreich vom 13. bis zum 20. Jahrhundert dauerte, steht der berühmte lateinische Hexameter: Bella gerant alii, tu felix Austria nube! – zu deutsch: Mögen die anderen Kriege führen, du, glückliches Österreich, heirate! Tatsächlich hat sich das »Haus Österreich« häufig durch Ehen mit anderen Fürstenhäusern vergrößert. Der Spruch vom glücklichen und heiratslustigen Österreich wird

Im Wesen »friedfertig und gemütlich«: Weinfest und Walzerball in Wien.

meistens dem ungarischen König Matthias Corvinus zugeschrieben, stammt aber in Wirklichkeit wohl aus einem bestellten Lobgesang, wie das Herrscherhaus ihn von einem bezahlten Barden erwartete. Anlaß war wahrscheinlich die sogenannte Spanische Doppelhochzeit von 1496. Damals verheiratete Kaiser Maximilian, höchst gewinnbringend, seinen Sohn Philipp den Schönen an Johanna von Kastilien und seine Tochter Margarete an Juan von Aragón.[25] Die »anderen«, die in dem Hexameter die Kriege führen, wurden dann später immer öfter die Preußen, deren Nachfolge dann die Deutschen antraten. Österreich habe sich »durch die Liebe« sein Reich erobert, konnten Schulkinder von ihren Lehrerinnen hören, obwohl die Habsburger-Hochzeiten mit Liebe sicher am wenigsten zu tun hatten. Meistens kam es später auch noch zu Erbschaftskriegen.

Nicht nur die Liebe, auch die List hat einen wichtigen Platz in der ausgesprochen pazifistischen Geschichtserzählung der Österreicher, und sie ist stets positiv besetzt. Die jüngste Anekdote dieser Art stammt aus dem Jahr 2000, als die österreichische Außenministerin Benita Ferrero-Waldner gegen die Sanktionen der vierzehn übrigen EU-Staaten focht, und sie wurde von der ÖVP-Politikerin selbst verbreitet. Auf dem EU-Gipfel im portugiesischen Feira habe der deutsche Außenminister Joschka Fischer seiner Kollegin Ferrero-Waldner im Vorbeigehen ein »Servus!« zugerufen. Sie habe das zum Anlaß genommen, Fischer zu dessen unangenehmer Überraschung bei der nächsten Gelegenheit zu duzen. Einander mit Servus begrüßen heißt im Österreichischen automatisch einander mit Du anreden. Deutsche wissen das nicht. Sie halten Servus für die Entsprechung der deutschen Grußwörter Hallo oder Tschüs, die man auch gegenüber Mitmenschen verwendet, die man mit Sie anredet.[26] Gerade wenn er sich mal cool und locker geben will, geht der Deutsche der Österreicherin auf den Leim – eine alte Geschichte.

Schon um die »Kaiserin Maria Theresia«, die Österreich von 1740 bis 1780 regierte, entstand zu Lebzeiten der Mythos von der friedfertigen und kinderlieben Landesmutter, die von einem kriegslüsternen und harten Friedrich von Preußen einfach nicht in Ruhe gelassen wurde. Die »Sissi«, Kaiser Franz Josephs Ehefrau, becirct in den Romy-Schneider-Filmen der fünfziger Jahre den nationalstolzen ungarischen Grafen Andrassy und ringt ihm so den »Ausgleich« des Jahres 1867 ab, mit dem Ungarn eine weitgehende Autonomie erhielt. Zur Zeit der Sissi-Filme gab der Staat seinen Untertanen sogar schriftlich, wie sie sich gefälligst zu fühlen hätten: »Österreich ist kein Land der Gewalt und der Härte«, heißt es im offiziellen Bürgerbuch, das jeder Schulabgänger überreicht bekam, »kein Land der Extreme, sondern des Ebenmaßes, der Ausgewogenheit, der Milde und der sanften Ordnung. Österreich ist Harmonie und Geist der Mitte.«[27] Im Klischee erscheint Österreich bei den Österreichern noch heute als weich und weiblich, sein Widerpart, meistens Deutschland, dagegen als hart und männlich. Deutschland will mit dem Kopf durch die Wand, Österreich dagegen kämpft mit den Waffen einer Frau.

Klischees über Nachbarvölker sind selten schmeichelhaft, für ein wirklich ernstes Problem muß man sie deshalb nicht halten. »A nation is a people united by common dislike of its neighbors and by common mistake about its origin«, lautet die leicht zynische, aber wohl treffende Definition des US-Historikers George Brock: Eine Nation ist ein Volk, das von der gemeinsamen Abneigung gegen seine Nachbarn und dem gemeinsamen Irrtum über seine Ursprünge zusammengehalten wird.[28] Wer die Gefühle der Österreicher gegen die Deutschen untersuchte, bekam immer die gleichen Stereotype zu hören, spürte aber nie Haß. Österreicher hielten schon vor vierzig Jahren den »typischen« Deutschen für »anmaßend, präpotent« – ein unübersetzbares österreichisches Wort, das etwa »unverschämt« bedeutet –, für »auftrumpfend, großschnäuzig und lautstark«.[29] Aber daß »die Österreicher« ihre Nachbarn, »die Deutschen«, nicht leiden könnten, ist einfach falsch. Österreicher sind im allgemeinen gern bereit, abseits ihrer pauschalen Klischees mit Deutschen vernünftige Beziehungen von Mensch zu Mensch aufzubauen. Sie vergessen einfach, daß sie einen »Piefke« oder eine »Piefkinesin« vor sich haben. Mit uns zum Beispiel hat sich eine Nachbarin, breit grinsend, nach der Fußball-Weltmeisterschaft über das frühe Ausscheiden der deutschen Mannschaft freuen wollen, bis ihr schlagartig einfiel, daß sie irgendwie an die Falschen geraten war. Österreicher, muß man wissen, freuen sich nämlich im Fußball weit mehr über deutsche Niederlagen als über österreichische Siege – ein ökonomischer Umgang mit der Freude, denn die letzteren sind viel dünner gesät. Wenn es konkret wird, haben Österreicher nichts gegen Deutsche. Auch diesen Eindruck bestätigen die Sozialwissenschaften: Befragt, wen sie »lieber nicht als Nachbarn« hätten, nannten 49 Prozent der Österreicher einen »Zigeuner«, 41 Prozent einen Türken, 31 Prozent einen Kroaten, aber nur acht Prozent einen Deutschen.[30] Am unangenehmsten werden die Deutschen nach unserer Erfahrung im Gastgewerbe empfunden. Nahezu jeder, der dort arbeitet, erzählte uns nach dem zweiten Bier, sie träten fordernd auf, nörgelten an allem herum und gäben zu allem Überfluß schlechte Trinkgelder.

Selbst der »Piefke« – in Deutschland bekanntgeworden durch die geniale »Piefke-Saga«, einen mehrteiligen Fernsehfilm von Felix Mitterer – hat einen eher freundlichen Hintergrund. Der Spitzname für die Deutschen stammt offenbar aus der postpubertären Soldatensprache und verbreitete sich im Ersten Weltkrieg in der k. u. k. Armee. Außer »Piefke« hießen die deutschen Waffenbrüder noch »Fritzchen«, »Michel« oder »Kamerad Stiefel«, während die Österreicher umgekehrt »Kamerad Schnürschuh« genannt wurden. Die Piefkes, die heute noch mehr als 150mal in ostdeutschen Telephonbüchern zu finden sind, sollen ihren Stammvater in dem preußischen Militärmusikdirektor und Marschkomponisten Gottfried Piefke haben, der wirklich gelebt und sich sogar zu Besuch in Wien aufgehalten hat, wo er, obwohl von Natur aus gutmütig, der Legende nach ein außerordentlich piefkinesisches Verhalten an den Tag gelegt haben soll. Auf die Frage eines Wiener Journalisten nach seiner Adresse soll er geantwortet haben: »Mein Guter, schreiben Sie ganz einfach: Piefke, Europa! Das kommt an.«[31]

Links und rechts, oben und unten: Wer regiert wen?

Das politische System

Manchmal schaut man sich ein Bild lange und rätselnd an. Man legt den Kopf schief, versucht es von der Seite, vertieft sich in Details und wird doch nicht schlau daraus. Dann kippt man es einfach um neunzig Grad – und auf einmal hat man es verstanden. So ist es uns in Österreich mit der Politik gegangen.

Kurz nach unserem Umzug aus Bonn in ein steirisches Dorf fiel es dem Bürgermeister des Ortes ein, die Gebühren für den Nachmittagsbetrieb im Kindergarten so drastisch zu erhöhen, daß die alleinerziehenden Mütter ihre Kinder reihenweise abmeldeten und absehbar war, daß es auch für unsere Tochter bald keinen Platz mehr geben würde. Der Bürgermeister wollte den Nachmittagsbetrieb auf diesem kalten Wege ganz abschaffen – wegen »mangelnden Bedarfs«. Das war nicht schön, aber solche Tricks wenden Mächtige in der ganzen Welt nun einmal an. Er handelte nach uns vertrauten Regeln, und wir reagierten so, wie wir es auch im Rheinland getan hätten: druckten Flugblätter und verteilten sie vor dem Kindergarten. Es funktionierte. Noch am gleichen Tag rief der Bürgermeister an und bat um ein Treffen. Klar, sagte ich, aber natürlich mit allen betroffenen Eltern. Er wand sich etwas, stimmte aber zu.

Zu dem Treffen im Ratssaal erschienen auch wirklich alle Eltern. Ich hielt eine flammende Rede und zerfetzte die fadenscheinigen Argumente des Bürgermeisters in der Luft. Bis hierhin hätte die Geschichte auch in Deutschland spielen können. Dann wurde es österreichisch. Als ich die Schlacht schon gewonnen glaubte, nahm sich der Bürgermeister die Teilnehmer unserer Protestveranstaltung der Reihe nach vor, und alle fielen sie um: So arg sei es aa wieder ned mit der Erhöhung meinte die eine, mit a bißl a Unterstützung gangat es schon, die andere, und die dritte wollte den Buben eh bei der Oma lassen. Geschlagen zogen wir nach Haus. Abends im Bett dann die Manöverkritik: »Das ist eben ein kleines Dorf«, sagte meine Frau, »der eine hat vielleicht eine Mauer schwarz gebaut, der andere hat sich von den Gemeindearbeitern die Einfahrt teeren lassen. Die fürchten sich eben.« Schön, aber es waren auch Neuzuzügler darunter, die dem Bürgermeister sicher nichts schuldig waren. Auf die Lösung des Rätsels sollten wir noch eine Weile warten müssen.

Sie kam dann unverhofft. Weil wir ans Politisieren schon von klein auf gewöhnt waren, gründeten wir bald darauf eine Elterninitiative zur Sicherung des gefährlichen Schulwegs. Diesmal verzichteten wir auf unseren wohl zu derben Zungenschlag und blieben streng sachlich: photographierten Gefahrenpunkte und druckten ein Faltblatt mit Vorschlägen zur Abhilfe. Natürlich gaben wir eine Telefonnummer für den Kontakt an. Sie wurde auch genutzt, zu unserer Verblüffung aber ganz anders, als wir erwartet hatten. Eltern gaben uns reihenweise weitere Gefahrenpunkte an, oft in vorwurfsvollem Ton: Ihr eigener Ortsteil sei ja gar nicht vertreten! Ob wir uns denn nicht die xy-Kreuzung angeschaut hätten? Wir waren bestürzt. Es waren doch wir gewesen, die auf die Schulwegsituation erst aufmerksam gemacht hatten! Mußte man hier denn eine umfassende Fehleranalyse vorlegen, wenn man gegen einzelne Mißstände zu Felde zog?

Nein; unser Verhalten löste vielmehr ein habituelles Mißverständnis aus. Indem wir uns für den Schulweg interessiert hatten, wurden wir für das Thema »zuständig«. Auch der Gemeinderat, den wir eigentlich für seine Untätigkeit hatten attackieren wollen, sah es so und betrachtete nun uns als die Verantwortlichen. Unser Muster einer *pressure group*: hier die unzufriedenen Bürger, dort der herausgeforderte Gemeinderat, hatten wir für interkulturell gehalten. Hier wurde es von niemandem verstanden. Indem wir uns öffentlich geäußert hatten, waren wir vielmehr zu einem Teil des Dorfestablishments geworden und waren nun ebenso wie der Bürgermeister

Idylle in Oberösterreich: Familienausflug per Rad, Heimkehr vom Wirtshausbesuch in der Wachau.

Appellationsinstanz für den »einfachen Bürger«. Von Stund an durften wir im Gemeindeamt kostenlos kopieren und wurden zum monatlichen Stammtisch der Vereinsvorsitzenden (auf österreichisch: Obleute) mit dem Bürgermeister eingeladen. Nur protestieren durften wir nicht mehr. Denn wer einmal »oben« ist, »vertritt« die Allgemeinheit – nicht demokratisch, sondern allegorisch. Verstöße gegen die Regel werden geahndet. Als unsere Tochter aus dem Kindergartenalter heraus war, hörten wir auf, uns für Kindergartenbelange zu engagieren. Das schuf böses Blut, wie uns hinterbracht wurde: Da hätte man sehen können, daß es uns ja nur um die eigenen Angelegenheiten gegangen sei! So war es natürlich auch gewesen. Nur hatten wir das für ganz normal gehalten.

Unser Mißverständnis war, wie wir später erfuhren, auch an unserer Niederlage im Ratssaal schuld gewesen. Die anwesenden Mütter, die wir als Verstärkung dorthin eingeladen hatten, mußten erleben, daß wir – ganz gegen ihre Erwartung – mit dem Bürgermeister gar nicht auf gutem Fuß standen. Das machte unser Engagement in ihren Augen wertlos. Sie hatten erwartet, daß wir – als dafür Zuständige – vor der Sitzung dem Bürgermeister ein Zugeständnis abgerungen hätten und die Zusammenkunft nun dazu nutzen wollten, den Beschluß gemeinsam zu verkünden. Erst später verstanden wir, daß sie sich da als gelernte Österreicher völlig rational verhalten hatten. Das Muster von »Regierung« und »Opposition«, das in anderen Ländern für ganz selbstverständlich gehalten wird, ist ihnen fremd. Sie kennen aus ihrer Erfahrung nur eine alles integrierende Macht, der man höchstens Zugeständnisse abringen, die man aber nicht auswechseln kann und deshalb auch nicht herausfordern sollte. Zwar erlaubt das österreichische System Machtwechsel auf der Bundesebene und auf Landes- und Gemeindeebene immerhin Kampfabstimmungen um die Führungsposten. Aber sie sind die Ausnahme, der Störfall. Da, wo bei anderen Europäern das Muster von Regierung und Opposition sitzt, haben die Österreicher ein ganz anderes Muster im Kopf: das von »unten« und »oben«.

Der Befund hat uns nachhaltig verblüfft, denn gerade die politischen Systeme beider Länder gleichen sich auf den ersten

Blick wie ein Ei dem anderen. Da gibt es einen Bundeskanzler und einen Bundespräsidenten, ein Parlament aus zwei Kammern, von denen das eine »Bundesrat« heißt und auch so zusammengesetzt ist. Es gibt vier nennenswerte Parteien: die sozialdemokratische SPÖ, die christdemokratische ÖVP, die Grünen und, mit dem weitaus höchsten Aufmerksamkeitswert, die »freiheitliche« FPÖ. Etwas wie die PDS gibt es, mangels einer österreichischen DDR, nicht, aber sonst gleicht das Spektrum fast aufs Haar dem deutschen. SPÖ und SPD, ÖVP und CDU/CSU, Deutschlands Bündnis- und Österreichs Nur-Grüne deklarieren sich schon durch die Mitgliedschaft in den europäischen und weltweiten Parteienverbänden als Schwesterparteien. Daß die FPÖ etwas fundamental anderes ist als die deutsche FDP, läßt sich nicht übersehen. Aber zwischen den beiden gibt es immerhin historische Ähnlichkeiten: Im ersten Vierteljahrhundert ihres Bestehens hatte auch die FDP einen weit rechts stehenden, »nationalen« Flügel, dessen wenige politische Erben heute mit dem Vorbild Jörg Haider kokettieren. Leicht kann man ins System einordnen, daß es in Österreich zudem ein »Liberales Forum« gibt, eine Kleinpartei von früheren FPÖlern, die nicht mit Haider weit nach rechts marschieren wollten. Die kommunistische KPÖ schließlich ist nach ihren Wahlergebnissen etwa so unbedeutend, wie es in Westdeutschland die DKP war.

Meistens suggerieren die Namen eine Ähnlichkeit, die bei näherem Hinsehen verschwindet – das spürt schon, wer aufmerksam die Zeitung liest. Aber verstanden haben wir den großen Unterschied zwischen den politischen Systemen beider Länder erst, als wir die hohe Bundespolitik ganz vergessen und uns vor der Haustür engagiert haben. Wer über das Land etwas lernen oder gar das Phänomen Jörg Haider verstehen will, muß mindestens auf die Ebene der Länder hinabsteigen, dahin, wo sich die meisten Österreicher wirklich zu Hause fühlen.

Politik spielt zwischen den Polen »oben« und »unten«; so steht es auf Landesebene in der Regel schon in der Verfassung. In fünf der neun Bundesländer, vor wenigen Jahren noch in sieben, gelten bis heute sogenannte Konzentrationsverfassungen: Alle Fraktionen im Landtag müssen entsprechend ihrer Stärke in der Regierung vertreten sein. Nach einer Wahl muß sich also niemand Gedanken darüber machen, welche Partei in die Regierung kommt und welche nicht. Allein die Stimmenzahl entscheidet, ob sie in der Regierung vertreten ist. Ob sie »links« oder »rechts« ist, »radikal« oder »gemäßigt«, spielt keine Rolle. Es gibt auch keine Opposition – es sei denn, man bezeichnet so die kleineren Parteien, die allein wegen ihrer Schwäche keinen Regierungssitz abbekommen haben. Die Regierung und diese Art »Opposition« verhalten sich zueinander wie stark und schwach oder wie oben und unten – nicht wie rechts und links. Von oben betrachtet, ist die Opposition eine Randerscheinung, keine »Regierung im Wartestand«. Das System lädt die Opposition ein zu protestieren und nicht, sich in die Rolle der Regierenden von morgen zu phantasieren. Als sie noch nicht in der Regierung saßen, waren Haider und seine FPÖ für ihre Wähler »unten« angesiedelt, nicht rechts. In dem Koordinatensystem, das die Österreicher von der Politik im Kopf haben, sind Regierung und Opposition auf der vertikalen Achse angeordnet, nicht, wie überall sonst, auf der horizontalen.

Die eigenartigen Länderverfassungen drücken das österreichische Politikverständnis aus und prägen es zugleich. Ganz gleich, wie sehr die Parteien einander verabscheuen mögen und wie unterschiedlich ihre Konzepte sind – sie sind dazu verdammt, das Land gemeinsam zu regieren. Das gilt auch noch, seit ein Trend zu modernen Konkurrenzverfassungen eingesetzt hat. In Vorarlberg, wo ein normaler Wechsel von Regierung und Opposition möglich wäre, wird die zweitstärkste Partei – anstandshalber – stets an der Regierung beteiligt. Lieber gibt man Posten ab, als sich Vorwürfe anhören zu müssen. In Wien kommt die Opposition, wenn auch ohne Ressorts, mit in den Stadtsenat.

In einigen Bundesländern gibt es trotz der Konzentrationsverfassungen so etwas wie »Koalitionen«: Zwei von drei Parteien in der Regierung können sich zusammentun, ein gemeinsames Programm entwerfen und die Regierungsbeteiligung der dritten auf das formal Vorgeschriebene beschränken. Die

Verfassung legt zwar fest, wie viele Ressorts jede Partei bekommt, aber nicht, welche – das darf die Mehrheit entscheiden. In Kärnten und in der Steiermark zum Beispiel wurde die SPÖ auf diese Weise an den Katzentisch gesetzt. Die anderen Parteien müssen dann hinnehmen, daß die Vertreter der dritten, »ausgegrenzten« Partei in ihren Ressorts Obstruktion gegen die Generallinie betreiben – immerhin trägt ja auch die so entstandene »Opposition« Regierungsverantwortung, verfügt über einen Teil des Haushalts und kann Verträge mit Rechtsfolgen für das Land abschließen. Die Ausgegrenzten wiederum dürfen die Obstruktion nicht zu weit treiben. Sie können ja weit leichter Chaos stiften als eine echte Oppositionspartei und so auch leichter den Unmut der Bevölkerung auf sich ziehen. Eine Art »Koalition« kann auch entstehen, wenn es um die Wahl des Landeshauptmanns, also des Regierungschefs, geht. Theoretisch können sich zum Beispiel die zweit- und die drittstärkste Partei auf einen Kandidaten einigen und die stärkste einfach übergehen. Vorgekommen ist das in 55 Nachkriegsjahren bisher nur in Kärnten – und auch dort nur mit stillschweigender Duldung der stärksten Partei.

Einen echten Machtwechsel, bei dem ein neues politisches Konzept über ein anderes den Sieg davontrüge, kann es in den meisten österreichischen Bundesländern gar nicht geben. Die Wähler wissen das und richten ihr Wahlverhalten danach aus. In dem guten halben Jahrhundert seit Kriegsende hat überhaupt nur in zwei Ländern die stärkste Partei schon einmal gewechselt: im Burgenland (1964 von der ÖVP zur SPÖ) und in Kärnten (1999 von der SPÖ zur FPÖ). Auch die Parteien richten sich in der gespenstischen Stabilität ein und schnüren oder »packeln« unbekümmert Personalpakete auch über das Ende der Legislaturperiode hinaus. Da kann die nächsten zehn Jahre die ÖVP den Landesschulrat stellen, wenn jetzt schon klar ist, daß nach seiner Pensionierung die SPÖ an der Reihe ist. Wie unterdessen gewählt wird, ist unerheblich. Mag die ÖVP nach der nächsten Wahl von 60 auf 10 Prozent rutschen und die SPÖ von 20 auf 40 Prozent steigen: Gemeinsam behalten sie doch immer die Mehrheit. So einen Erdrutsch im Ergebnis kann es gar nicht geben, daß die Parteien vom Wähler an der Umsetzung ihrer langfristigen Absprachen gehindert werden könnten.

Anders als die meisten Bundesländer kennt die österreichische Bundesverfassung den Dualismus von Regierung und Opposition durchaus. Die Regierungsbildung ist frei. Echte Machtwechsel, bei denen sowohl die Konstellation der Regierung als auch deren stärkste Partei ausgetauscht wurden, hat es in Österreichs Nachkriegsgeschichte immerhin schon zweimal gegeben: 1970 und 2000. In der Bundesrepublik Deutschland ist es auch nur dreimal vorgekommen – 1969, 1982 und 1998. Aber was im deutschen System der (wenn auch seltene) Normalfall ist, ist im österreichischen der (wenn auch häufige) Unglücksfall.

Wenn Deutsche und andere Westeuropäer sich die »politische Landschaft« bildlich vorstellen, erscheint vor ihrem geistigen Auge eine Ebene mit einem Horizont links und einem Horizont rechts. Den Österreichern drängt sich, passend zur alpinen Kulisse, ein anderes Bild auf: das eines Berges mit einem hohen Gipfel, der rechts und links ins Nichts ausläuft: die bildliche Darstellung der Gaußschen Normalverteilungskurve. »Rechts« und »links« als politische Metaphern werden in Österreich entsprechend ungern verwendet, denn »oben« und zugleich »rechts« oder »links« kann man nicht sein. Die horizontale Vorstellung von zwei Strahlen oder Halbgeraden, die nach rechts und links von einem Mittelpunkt abgehen, ist den Österreichern fremd. Sie sprechen, ihrem Bergbild entsprechend, nur vom »linken« oder »rechten Rand«, der, wie der Name schon sagt, per Definition »marginal«, eben randständig ist.

Die unterschiedlichen Bilder, die sich Österreicher und andere Europäer von einer politischen Landschaft machen, haben schon zu schweren Mißverständnissen geführt. Anlaß dazu war der Aufstieg des Jörg Haider – eines Burschenschaftlers aus braunem Hause, dessen Wahl zum FPÖ-Vorsitzenden 1986 schon vom Freudengejohl der extremen Rechten begleitet wurde, der versammelte SS-Veteranen als »die Anständigen im Lande« lobte, mit ausländerfeindlichen Emotionen Stimmen fing und dann im Laufe einer traumhaften

Karriere immer wieder die Regeln verletzte, nach denen die ganze zivilisierte Welt seit 1945 mit dem Nationalsozialismus umgeht. Mehr als zehn Jahre lang hieß es in Österreich, der rechte Haider und seine FPÖ würden »ausgegrenzt«, meistens mit dem Unterton, das sei die falsche Strategie. Aber »ausgegrenzt« wurde Haider nur nach österreichischen Begriffen. FPÖ-Mitglieder wurden ganz selbstverständlich in alle Parlamentsausschüsse berufen und auch an deren Spitzen gewählt, Politiker der anderen Parteien bis hin zum Bundeskanzler trafen sich mit Haider zu öffentlichen Diskussionen. Privat gab man einander die Hand, nicht wenige standen mit dem FPÖ-Chef auf Duzfuß – was in anderen Ländern im Umgang mit Rechtsradikalen nicht üblich ist. Die »Ausgrenzung« bestand allein darin, daß die FPÖ nicht an der Regierung beteiligt war. Nach westeuropäischem Verständnis ist es ganz normal, eine Partei, die man nicht mag, halt Opposition spielen zu lassen. Nach österreichischem Verständnis ist es das nicht. Daß zwei Parteien eine annähernd gleich starke dritte nicht mitregieren ließen, erschien den Bürgern als unfair. In Kärnten trauten sich SPÖ und ÖVP, obwohl beide zusammen eine satte Mehrheit hatten, 1999 nicht, Haiders Wahl zum Landeshauptmann zu verhindern. Die FPÖ war ja vom »rechten Rand« aufgestiegen; sie hatte sich damit nicht im Linksrechts-Spektrum zur Mitte, sondern im Oben-unten-Schema nach oben bewegt. Sie weiter aus der Regierung fernzuhalten bedurfte in jedem Fall einer besonderen Begründung. Die gab es dann auch: Es waren die Nazi-Anspielungen Haiders und die fremdenfeindlichen Kampagnen seiner Partei. Weil aber beides in Österreich viel weniger erschreckt und an schlimme Zeiten erinnert als anderswo, kam die Begründung vielen künstlich und nachgereicht vor. Die »Roten« und die »Schwarzen« wollten einfach den Braten unter sich aufteilen und suchten sich dafür einen passenden Grund, schien es – eine Wahrnehmung, die der FPÖ immer mehr Wähler zutrieb.

Etwa an der Stelle, wo im Bewußtsein der Deutschen das Parlament steht, erhebt sich im Bewußtsein der Österreicher der Bundespräsident. Nicht daß er so mächtig wäre oder man ihn nur dafür hielte: Er ist aber, obwohl protokollarisch »ganz oben«, das verbindende Glied zwischen der Regierung und dem Volk, dessen Belange er stets im Auge behalten muß. Die Regierung, die Obrigkeit also, ist von ihm eingesetzt. Mögen die Regierenden, wie es ihrer Natur entspricht, Parteikämpfe pflegen oder in die eigene Tasche wirtschaften – ganz an der Spitze steht einer, der wirklich die Allgemeinheit verkörpert und das System so legitimiert.

Bundesregierungen werden in Österreich nicht, wie in Deutschland, vom Parlament gewählt, sondern vom Präsidenten ernannt. Der Bundespräsident wird nach der österreichischen Verfassung folgerichtig direkt vom Volk gewählt. Er kann, anders als sein deutscher Amtskollege, nach seinem Gutdünken irgend jemanden zum Bundeskanzler ernennen. Theoretisch allerdings nur – zum Regieren braucht der Bundeskanzler dann doch eine Mehrheit im Parlament. Hat er keine, kann das Parlament ihn mit einem »destruktiven Mißtrauensvotum« wieder absetzen. Immer aber ist es der Präsident, der einen Politiker mit der Regierungsbildung beauftragt. Kommt er mit dem Parlament nicht zusammen, kann er es zur Not auch auflösen und Neuwahlen ausschreiben. Das sind nicht bloß papierne Paragraphen. Vor der Parlamentswahl 1999 brach eine Debatte darüber aus, ob der Bundespräsident sich weigern könne, Jörg Haider zum Bundeskanzler zu machen, wenn dessen Partei die stärkste würde. Er kann. Einen Teil seiner Rechte spielte Bundespräsident Thomas Klestil dann wirklich aus, als er im Februar 2000 widerstrebend eine Regierung unter FPÖ-Beteiligung ernannte. Er gab Bedingungen vor: Die Regierung mußte ihrem Programm eine Präambel voranstellen, in der sie sich zu der »Verantwortung« Österreichs »aus der verhängnisvollen Geschichte des 20. Jahrhunderts und den ungeheuerlichen Verbrechen des nationalsozialistischen Regimes« bekannte. Zwei vorgeschlagene Minister der FPÖ lehnte er ab, und es mußten neue gefunden werden.

Seiner Rolle gemäß muß der österreichische Bundespräsident einem anderen Anforderungsprofil entsprechen als der deutsche. In Deutschland ist der Präsident eine moralische Instanz, eine ethische Aufsichtsbehörde für den alltäglichen

Politikbetrieb. Er wirkt durch seine Reden. Große Bundespräsidenten waren in diesem Sinne Richard von Weizsäcker, Gustav Heinemann und Theodor Heuss. Die Österreicher dagegen erwarten von ihrem Präsidenten, daß er sie vertritt, repräsentiert. Zu diesem Zwecke residiert er im barocken Prunk des riesigen kaiserlichen Stadtschlosses, der Hofburg, wo er den Glanz der Monarchie ins republikanische Zeitalter herüberrettet. Sein offizieller Titel ist »Herr Bundespräsident«, im Amtsösterreichisch abgekürzt »HBP«. Ein idealer Bundespräsident ist alt, vornehm und gottesfürchtig, aber auch bescheiden und daher möglichst aus kleinen Verhältnissen – ganz so wie monarchistische Legenden den guten König zeichnen, der zwar nicht aus kleinen Verhältnissen stammen kann, diesen aber durch das Band der Liebe zugetan sein sollte und die Klassengegensätze in seiner Person aufhebt.

Der gute König im österreichischen Legendenkreis und damit die Blaupause für alle Bundespräsidenten ist der bis heute unvergessene Erzherzog Johann (1782–1859) – ein König, der nie einer wurde. Gegen den Willen seines kaiserlichen Bruders half er den Tirolern bei ihrem Volksaufstand gegen Napoleon und die Bayern und wurde deshalb von diesem gemaßregelt – von vornehmer Abkunft, aber ein Volkstribun. Dann wandte er sich in die Steiermark, wo er Mustergüter schuf und dem Fortschritt Bahn brach – ein Mann mit sozialem Gewissen. Er heiratete schließlich die Tochter eines Dorfpostmeisters, was seine Verehrung ins Kultische steigerte. Zum Ur-Bundespräsidenten wurde der Erzherzog schließlich, als ihn das Parlament in der Frankfurter Paulskirche 1848 zum »Reichsverweser« wählte.

Dem Ideal des Erzherzogs am nächsten kam seit Bestehen der Republik Rudolf Kirchschläger (*1915), der das Amt von 1974 bis 1986 bekleidete. Bei seiner Wiederwahl 1980 erhielt der parteilose Diplomat 80 Prozent der Stimmen. Kirchschläger stammte aus ärmlichen Verhältnissen und war mit elf Jahren Vollwaise geworden – wie der Erzherzog verband er in seiner Biographie die Klassen. Als er schon sicher im Amt saß, forderte er anläßlich eines Skandals einmal die »Trockenlegung saurer Wiesen« – von »Sümpfen«, wie die weniger diskreten Deutschen zu sagen pflegen –, was ihm das Image eines Volkskaisers eintrug. Bis heute schreitet der alte Herr in kritischen Situationen als eine Art österreichische Queen Mum segnend durch den Blätterwald. Bis zum Amtsantritt von Thomas Klestil 1992 war der Herr Bundespräsident nach dem wöchentlichen Stimmungsbarometer stets der populärste Politiker im ganzen Lande. Aber obwohl er nach seinen Anlagen ein zweiter Kirchschläger hätte werden können – immerhin Halbwaise, Sohn eines Straßenbahners, scheinbar unpolitischer Diplomat –, machte Klestil alles falsch. Seinem deutschen Vorbild Richard von Weizsäcker nacheifernd, hielt er mahnende Reden, die den Politikern in Wien aber nur auf die Nerven gingen. Dann fing er ein Verhältnis mit seiner Protokollchefin an, trennte sich von seiner Frau und »verbündete« sich schließlich, im Streit um die Sanktionen, »mit dem Ausland gegen Österreich«.

Wie Deutsche und Österreicher zu ihren Bundespräsidenten stehen, kann man besonders gut an den ähnlichen Fällen Lübke und Waldheim ablesen. Heinrich Lübke, deutscher Präsident von 1959 bis 1969, und Kurt Waldheim, österreichischer Präsident von 1986 bis 1992, mußten sich beide gegen Vorwürfe wehren, die ihr Verhalten zur Nazizeit betrafen: Lübke soll als Architekt Baupläne für KZs geliefert, Waldheim als Offizier der deutschen Wehrmacht an Erschießungen von Partisanen in Jugoslawien teilgenommen haben. Beide Vorwürfe ließen sich so nicht belegen und erwiesen sich später als partielle Konstrukte von Geheimdiensten – der Stasi im Fall Lübke, der jugoslawischen UDBA im Fall Waldheim. Beide Politiker machten sich aber durch die Art ihrer Verteidigung unmöglich. Waldheim, unglücklicher Repräsentant Österreichs, stürzte sein Land in eine späte kollektive Scham: Er wurde auch noch als Verkörperung Österreichs angesehen, als er versagte. Lübke dagegen, der kompromittierte Mahner in Deutschland, zog nur Aggressionen gegen seine Person auf sich. Die Deutschen brauchten niemanden, der sie repräsentierte. Sie schämten sich nicht für ihren Präsidenten, sondern fanden ihn lächerlich.

Was der Bundespräsident in Wien seinem Kollegen in Berlin an Macht und Bedeutung voraus hat, geht auf Kosten des Parlaments – rein verfassungsrechtlich, aber, noch wichtiger, auch emotional. Der Affekt gegen »Parteiengezänk« und »parlamentarische Schwatzbude«, wie er aus dem Deutschland der Weimarer Republik noch sattsam bekannt ist, durchzieht die Leserbriefseiten der österreichischen Tageszeitungen. In den ewigen Debatten zur Verfassungsreform geht es vorwiegend um die weitere Entmachtung der Volksvertretungen: Mal soll der Nationalrat verkleinert, mal der Bundesrat abgeschafft werden, mal wird mit der Direktwahl der Bürgermeister die Macht der Gemeindevertretungen beschnitten. Der FPÖ-Finanzminister Karl-Heinz Grasser hat mit einem Vorschlag, die Länderparlamente zugunsten einer völlig autonomen Regierung einfach wegzurationalisieren, keinerlei Abwehrbewegungen ausgelöst.

Der Nationalrat, das dem Bundestag entsprechende Unterhaus des Parlaments, wo die »horizontalen« Begegnungen zwischen Regierung und Opposition stattfinden, ist vergleichsweise schwach. Er hat nicht das Recht, den Bundeskanzler zu wählen. Die Opposition kann gegen den Willen der Regierungsmehrheit keine Untersuchungsausschüsse durchsetzen. Zwar hat der Nationalrat in Wien 183 Parlamentarier, der Deutsche Bundestag 672. Auf 45 000 Österreicher, aber auf 122 000 Deutsche kommt, nach einer beliebten Milchmädchenrechnung, also ein Abgeordneter. Aber in Wien gibt es immerhin elf Ministerien (bis zum Februar 2000: 13) bei auch nur 14 in Berlin und Bonn, und sie halten sich 11 500 Beamte, kaum weniger als die deutsche Bundesregierung mit etwa 13 000 – die relative Bedeutung eines einzelnen Abgeordneten gegenüber der Verwaltung ist entsprechend viel geringer. Das Recht, auf Kosten der Volksvertretung persönliche Mitarbeiter zu beschäftigen, haben die Parlamentarier in Wien überhaupt erst seit 1992. Ihr Budget für diesen Zweck liegt bei mageren 4400 Mark im Monat; deutsche Abgeordnete haben drei- bis viermal soviel. Klagen über die Mißachtung des Parlaments durch die Regierung sind an der Tagesordnung. Im April 1996 mußte der Nationalrat in wenigen Tagen über zwei Jahreshaushalte und ein Strukturanpassungsgesetz abstimmen, das seinerseits 97 Gesetze änderte – ein Konvolut von 22,5 Kilogramm Papier, an die 4 500 Druckseiten. Ein früherer Parlamentspräsident urteilt: »Die Gelassenheit – oder besser gesagt Indolenz –, mit der das Parlament (also die Summe der Mandatare) diesen Zustand hinnimmt, ist verwunderlich.«[1] Die Parteizentralen, die bei der Aufstellung der Listen zum Parlament ein gewichtiges Wort sprechen, sparen sich ihre größten Talente lieber für die Landesregierungen oder die Parteizentralen auf, statt sie in den Nationalrat zu entsenden – für die unvermutet in Opposition geratene SPÖ erwies sich die schwache Besetzung ihrer Fraktion plötzlich als ernstes Problem. Schon gar nichts zu melden hat der zeremonielle Bundesrat, der Gesetze nur verzögern, aber nicht verhindern kann. Für die Rolle des Parlaments herrscht auch in der Bevölkerung wenig Verständnis. Der Affekt gegen »die Politiker« richtet sich besonders gegen Abgeordnete, von denen viele nicht wissen, wozu sie da sind.

Was dem österreichischen Parlament an fröhlicher Meinungsvielfalt und Debattierfreude fehlt, bietet die Regierung im Übermaß. Deutschen Beobachtern, die eine streng »mit einer Stimme« sprechende Regierung gewöhnt sind, kommt das kurios vor. In der Rentenfrage darf das Wirtschaftsministerium bis auf die Beamtenebene eine ganz andere Meinung haben als das Sozialministerium – niemand findet etwas dabei. In der Jugoslawienfrage vertrat Bundeskanzler Franz Vranitzky auch öffentlich eine andere Linie als sein Außenminister Alois Mock. Verwunderung lösten die Österreicher nach ihrem EU-Beitritt 1995 aus, als sie in allen Brüsseler Gremien zu zweit anrückten – ein Roter, ein Schwarzer. Verglichen mit der deutschen kommt einem die österreichische Regierung ungeheuer locker und liberal vor. Aber auch dieser Umstand hat seinen Grund im Oben-unten-Schema: Die Regierung kann innere Gegensätze nur deshalb öffentlich vor dem Publikum ausbreiten, weil sie ihrem Selbstverständnis nach nicht gegen eine Opposition zusammenhalten muß. Gibt es eine, nimmt die Regierung sie nicht zur Kenntnis. Sie vereinigt alle Positionen in sich und ist deshalb alternativlos.

Unterschiedliche Machtkompetenz: Bundespräsident (1986–92) Kurt Waldheim und Bundeskanzler (1970–83) Bruno Kreisky.

Auch einen »Bundeskanzler« haben die Österreicher, und das schon seit 1918, also mehr als drei Jahrzehnte länger als die Deutschen. Aber er kann, im Vergleich zu seinem deutschen Amtskollegen, längst nicht so frei schalten, denn er ist nach den Regeln des Systems von etlichen autonomen Machthabern umstellt. An der Spitze wird die Macht geteilt, und beide Parteien herrschen in ihrem Verwaltungsbereich absolut: Das ist das Prinzip, nach dem auch auf der Bundesebene Koalitionen geschlossen wurden. Die Verfassung kommt dieser Art zu regieren sehr entgegen: Der Bundeskanzler hat, anders als in Deutschland, keine »Richtlinienkompetenz«. Er ist nur eine Art Koordinator der Regierung und übt Gewalt auch de facto nur über die Minister seiner eigenen Partei aus. Für die Minister der anderen Partei ist der Vizekanzler zuständig, der in Österreich dem Kanzler an Macht und Ansehen beinahe ebenbürtig ist. Niemand käme auf die Idee, dem ÖVP-Bundeskanzler die Aussagen eines FPÖ-Ministers vorzuhalten. Dafür ist jetzt die Vizekanzlerin zuständig. Es ist »seine« Partei, aber nicht »seine« Regierung.

Das originelle »österreichische System« ist auch im Lande selbst natürlich schon lange ein Thema. Dabei geht es aber selten um die vertikale Anordnung der politischen Landschaft, wie sie uns immer wieder aufgefallen ist. Meistens steht stattdessen die berühmte »Sozialpartnerschaft« im Zentrum. »Sozialpartnerschaft« und »Proporzsystem« in Österreich sind unter europäischen Politikwissenschaftlern legendär. Der »Korporatismus«, die Einbindung in große und mächtige Verbände und deren fast unumschränkte, von keinem Parlament kontrollierte Machtausübung, sowie die Allgegenwart der politischen Parteien gelten bei den Politologen als Kehrseite der Stabilität und des sozialen Friedens im Lande. Österreich wird, so heißt es, noch stärker von Verbandsinteressen beherrscht als Deutschland, wo solche Kritik ebenfalls lange verbreitet war. Der Schriftsteller Robert Menasse hat die Gesellschaft der Sozialpartner mit einer Reihe von scharfsinnigen und glänzend geschriebenen Essays auf die Hörner genommen.[2] Menasse kämpft gegen das »österreichische System« von einem liberalen Standpunkt aus. Wenn Haider und seine Parteifreunde die »rot-schwarzen« Proporzritter kritisieren, klingt es ähnlich.[3] Menasse, der Haiders NS-Koketterien verabscheut, läßt sich seine Kritik dadurch nicht verdrießen. Es sei das »finsterste Kapitel der zweiten Republik«, glaubt er, »daß selbst kritische Geister in Österreich verteidigten, was Haider kritisiert hatte, nur weil Haider es war, der es kritisiert hatte. (...) Eine Generation wurde darauf eingeübt, Bewahrung, Skandalisierung von Kritik und Verteidigung von Besitzständen mit ›Antifaschismus‹ zu velwechsern«[4] – wobei letzteres Wort ein Zitat des österreichischen Dichters Ernst Jandl ist, der mit einem berühmten Aphorismus davor warnt, »rinks und lechts« zu verwechseln.

Das Phänomen, mit dem Menasse wie Haider sich auseinandersetzen, ist noch immer mit Händen zu greifen. Mit der »Sozialpartnerschaft« verhält es sich wie zwischen dem deutschen und dem österreichischen Begriff von »Nationalismus« und »Patriotismus«: Dasselbe Wort bezeichnet in beiden Ländern etwas völlig anderes. Im Bundesdeutschen meint »Sozialpartnerschaft« eine versöhnliche Haltung der beiden Tarifparteien zueinander. Im Österreichischen steht das Wort dagegen für eine feste Institution, eine Art ständige Konferenz. Sie besteht im wesentlichen aus vier Organisationen, die sich auf verschiedenen Ebenen in festem Turnus treffen, gemeinsame Ausschüsse bilden und im Konsens entscheiden. Es gibt halbjährliche Gipfeltreffen der Vorsitzenden und wöchentliche Beratungen der Referenten. Über lange Zeit bildeten die vier »Sozialpartner« eine Art Neben- und Überparlament und befaßten sich mit allen Themen, die auch nur entfernt die Wirtschaft tangierten. Was sie beschlossen, war de facto Gesetz; ihre Kompromisse mußten vom Parlament nur noch formal abgesegnet werden.

Die beiden wichtigsten Organisationen der Sozialpartnerschaft sind die Wirtschafts- und die Arbeiterkammer – beides Organisationen öffentlichen Rechts, für die, wie in Deutschland bei Ärzte- oder Anwaltskammern, Zwangsmitgliedschaft besteht. In einer österreichischen Arbeiterkammer wird jeder, der ein abhängiges Beschäftigungsverhältnis eingeht, per Gesetz automatisch Mitglied und zahlt dafür 0,5 Prozent seines

Bruttolohns. In Deutschland gibt es für eine solche Arbeiterkammer nur in den kleinsten Bundesländern Saarland und Bremen eine Entsprechung. Der Wirtschaftskammer gehören dagegen alle Gewerbetreibenden an, wie auch in Deutschland für Firmen die Mitgliedschaft in einer Handwerks- oder Industrie- und Handelskammmer obligatorisch ist. Österreichs Wirtschaftskammer ist aber weit wichtiger und mächtiger als etwa die regional zersplitterten IHKen oder gar der schwache Deutsche Industrie- und Handelstag (DIHT), der die örtlichen Kammern lose zusammenführt. Die Wirtschaftskammer in Österreich schließt Tarifverträge ab, was in Deutschland freie Arbeitgeberverbände tun, und sie ersetzt die vielen Fachverbände, die es in Deutschland gibt – so etwas zum Beispiel wie den Bund der Chemischen Industrie. Dritter im Bunde der beiden mächtigen Kammern ist der Österreichische Gewerkschaftsbund (ÖGB), bei dem die Mitgliedschaft freiwillig ist. Mit am Tisch der Sozialpartner sitzt außerdem, wann immer sie es wünscht, auch die Landwirtschaftskammer.

Alle vier Organisationen – die drei Kammern und der ÖGB – sind nicht nur feste Erbhöfe der SPÖ oder der ÖVP, sondern so etwas wie deren ausgelagerte Abteilungen für Wirtschaftsthemen aller Art. Wenn man beim SPÖ-Vorstand anruft und Auskunft zu einer sozialpolitischen Frage will, wird man bis heute ganz selbstverständlich an die Experten in der Arbeiterkammer weitergereicht. Die ÖVP hält es genauso, nur gibt sie eine Nummer in der Wirtschaftskammer an. Die beiden Kammern, die ja aus den Pflichtbeiträgen der Firmen bzw. der Arbeitnehmer finanziert werden, fungieren zugleich als *braintrust* der politischen Parteien wie als mächtige Standesorganisationen.

Wirtschafts- und Arbeiterkammer gehören nicht zur privaten Sphäre der Wirtschaft, sondern sind ein fester Bestandteil des Staats- und Parteiensystems. Beide Kammern veranstalten Wahlen, bei denen vor allem Parteilisten und nicht Gewerkschaften zur Abstimmung stehen. Bei der Wirtschaftskammmer gewinnt diese Wahlen immer und überall die ÖVP, bei der Arbeiterkammer, außer in den schwarzen Westländern Tirol und Vorarlberg, immer und überall die SPÖ. Die

Landwirtschaftskammer ist in ganz Österreich durchgehend »schwarz«. Sogar der ÖGB ist, obwohl der Form nach ein freier Verband, Spielfeld der politischen Parteien. Seine Führungsgremien setzen sich entsprechend den Ergebnissen von Betriebsratswahlen zusammen. Bei Betriebsratswahlen kandidieren wiederum – wenigstens in größeren Betrieben – nicht gewerkschaftliche Einheitslisten, wie in Deutschland, sondern »Fraktionen«, die sich den politischen Parteien zuordnen. Im ÖGB dominieren, außer in der »schwarzen« Gewerkschaft öffentlicher Dienst, überall die Sozialdemokraten.

Die Sozialpartnerschaft galt lange als das eigentliche Fundament der Parteienmacht. In der Gestalt der Sozialpartner haben SPÖ und ÖVP immer auch dann regiert, wenn sie gerade nicht mit am Kabinettstisch saßen – die Sozialpartner machten die Gesetze, nicht die Regierung und schon gar nicht das Parlament. Die Einrichtung funktioniert bis heute. Ihr Einfluß ist gegenüber dem von Regierung und Parlament in den letzten zehn Jahren allerdings gesunken. Sie organisieren weiterhin lautlos die Tarifpolitik, aber ihr Wort gilt nicht mehr unbedingt.

Wahlen ändern nichts – das ist noch immer die biographische Grunderfahrung jedes Österreichers gleich welchen Alters. Um so erstaunlicher ist, daß die Bürger dieses Landes noch immer in aufregend großer Zahl politischen Parteien angehören – und so eifrig zu Wahlen gehen, als gäbe es da etwas umsonst. Wir haben uns, seit wir davon hörten, über die enormen Mitgliederzahlen der beiden staatstragenden Parteien SPÖ und ÖVP immer wieder gewundert, lange sogar daran gezweifelt. Wir konnten die Zahlen so schlecht mit unserer persönlichen Erfahrung zusammenbringen. Kaum jemand, den wir kennenlernten, interessierte sich irgendwie erkennbar für Politik. Später erfuhren wir dann, daß beides nichts miteinander zu tun haben muß. Nach und nach entpuppten sich immer mehr Bekannte, durch Zufall oder indiskrete Fragen, als langjährige, treue Parteimitglieder. Einige von ihnen hatten schon ihre dezidierten Ansichten, hielten damit aber gern hinter dem Berg. Anderen wiederum war Politik tatsächlich von Herzen egal. Die Österreicher, schlossen wir, mußten ein ganz anderes Verhältnis zu ihren politischen Parteien haben als die Deutschen.

Die SPÖ hat heute etwa 400 000 Mitglieder, gegenüber etwa 750 000 der SPD in Deutschland, im Verhältnis zur zehnmal höheren Bevölkerungszahl also mehr als fünfmal so viele. Dabei sinkt die Mitgliederzahl schon lange stark: 1979 gab es über 720 000 »Sozialisten«, wie sie sich damals noch nannten – 13 Prozent der erwachsenen Bevölkerung. Die Politikwissenschaftler in Österreich haben sich angewöhnt, den »Organisationsgrad« der Parteien auszurechnen, das Verhältnis der Mitgliederzahl zu der der Wähler. Der Organisationsgrad der SPÖ lag vor 1990 um die 30 Prozent: Fast jeder dritte Wähler war auch Parteimitglied.[5] Auf geradezu unglaubliche Zahlen kommt die ÖVP mit 40 bis 50 Prozent.[6] Rechnet man die Mitglieder der beiden großen Parteien zusammen, was in den langen Jahren der Großen Koalition sehr nahelag, so ist der Anteil der Parteimitglieder an der erwachsenen Bevölkerung noch heute deutlich höher als in Rumänien unter Ceauşescu. Richtig zu staunen beginnt man aber erst, wenn man, wie es in Österreich immer sehr erhellend ist, die Landesebene ins Auge faßt. In Niederösterreich lag der Organisationsgrad 1990 bei stolzen 88,7 Prozent[7] – neun von zehn ÖVP-Wählern zahlten auch Parteibeiträge. Sogar mehr Mitglieder als Wähler hatte die ÖVP noch 1988 in Schärding bei Passau an der deutschen Grenze.[8] Mit so stolzen »Mobilisierungserfolgen« wie die konservative Konkurrenz konnte die SPÖ zwar nie aufwarten. Aber immerhin schaffte sie es bis in die achtziger Jahre, mehr als jeden zweiten ihrer Wähler in Wien auch als Parteimitglied zu führen.

Parteimitgliedschaft und politische Orientierung müssen in Österreich nichts miteinander zu tun haben. Zur ÖVP stößt man auch heute noch nur im Ausnahmefall aus Überzeugung. Aber auch für die Mitgliedschaft in der SPÖ wird man, wenn man heranwächst, häufig von den Eltern angemeldet. Neueintritte ohne familiären oder beruflichen Grund sind selten. Es wird dann besonders hervorgehoben und gesagt, jemand sei »aus idealistischen Motiven« in die Partei eingetreten, was man für ehrenwert, aber auch für ein bißchen weltfremd hält. Die meisten sind dabei, weil es zur Familientradition gehört, weil sie auf diese Weise einen Arbeitsplatz oder eine öffentliche »Gemeindewohnung« bekommen haben oder wenigstens bekommen wollen. Jemanden als Parteimitglied zu outen gilt regelrecht als ehrverletzend, jemanden nach Mitgliedschaft zu fragen als höchst indiskret.

Postenschacher und Klientelismus der beiden großen Parteien waren über Jahrzehnte bevorzugte Themen der FPÖ und spielen auch in den Medien eine große Rolle. Wir haben davon wenig gemerkt und immer nur von Einzelfällen erfahren – etwa als eine fähige, aber parteilose Grundschullehrerin bei der Bewerbung um die Schulleitung zugunsten eines Parteikandidaten einfach mit der Begründung übergangen wurde, ihr Mann verdiene schließlich auch nicht schlecht. Wer von solchen Dingen erzählt, benützt meistens die Vergangenheitsform. Zwar wird offenbar auch heute noch kräftig geschachert, aber doch mit einem zunehmend schlechten Gewissen. Im öffentlich finanzierten »Gemeindebau« Wiens, erzählt der liberale Politiker Friedhelm Frischenschlager, war das Verfahren bis vor wenigen Jahren regelrecht formalisiert: Rot und schwarz handelten miteinander aus, welche Partei wie viele Wohnungen bekam; die weitaus meisten standen der Mehrheitspartei SPÖ zu. Wer eine Wohnung wollte, ging zum Wohnungsamt. Dort saß ein Beamter, der jeden Bewerber fragte, ob er »rot« oder »schwarz« sei, und entsprechende Strichlisten führte. War die »rote« Liste schon voll, gab man eben »schwarz« an und kam dann eben auf dem Ticket der ÖVP zum Ziel. Die Parteisekretäre in der Stadtverwaltung gingen die fertigen Listen später durch. Wen sie darauf nicht kannten, den besuchten sie und legten ihm den Mitgliedsantrag auf den Tisch: Ob man nicht eintreten wolle? Man habe sich in gewisser Weise ja schon auf dem Amte »zur Partei bekannt«. In kleinen Gemeinden, auch in unserer, funktioniert es ähnlich – nur daß man einander kennt und schon vorher weiß, wer wo »hingehört«. Wie und wo die Parteien wieder segensreich tätig waren, merkt man auch bei uns alle vier Jahre bei der Kommunalwahl, wenn die Namen der Kandidaten mit Geburtsdatum und Adresse veröffentlicht werden. Die von

Postenverteilung nach Proporz ist oft wichtiger als Effizienz: Auf dem Amt in Wien kann es mitunter Stunden dauern.

der SPÖ und einige von der ÖVP wohnen in der Straße, wo die kommunal finanzierten Wohnungen stehen.

Behörden, manchmal einzelne Abteilungen in ihnen, sind »rot« oder »schwarz«. »Schwarz« ist zum Beispiel die Post, »rot« die Bahn, das Heer ist »schwarz« und die Polizei »rot« – das zunächst als grobe Faustregel der österreichischen Farbenlehre. Damit ist nichts über die politische Herkunft oder gar Orientierung des Vorstands gesagt – ein übliches Mißverständnis, dem ich als Anfänger auch zum Opfer gefallen bin. Deutsche pflegen zu Erzählungen vom österreichischen »Proporz« einzuwenden, so etwas gebe es auch bei ihnen. Schulleiterstellen, weiß man, werden zum Beispiel auch in Deutschland parteipolitisch vergeben. Im österreichischen Proporzsystem geht es aber nicht um Schlüsselstellen, sondern vielmehr um das gemeine Personal – um Quantität, nicht um Qualität. Eingestellt wird, bis hinab zur Putzfrau und zum Portier, wer das richtige Parteibuch hat. Wer keines hat, tut gut daran, sich an einen einflußreichen Personalvertreter zu halten, ohne den bei der Einstellung ohnehin nichts geht. Er wird dann – spätestens nach erfolgter Hilfestellung – sanft daran erinnert werden, wie sehr er der Partei zu Dank verpflichtet ist. Schuld an diesem Mißstand ist das System. Personalvertreter, die auch bei Behörden »Betriebsräte« genannt werden, achten schon aus eigenem Interesse auf die Farbreinheit ihrer Domäne. Die Parteien wollen nicht möglichst qualifiziert, sondern möglichst zahlreich vertreten sein. Schließlich kandidieren sie bei den Betriebsratswahlen, und bei denen hat jeder eine Stimme. Je mehr Leute aus dem eigenen Verein man einstellt, desto sicherer wird man beim nächsten Mal wieder gewählt. Das System der parteipolitischen Betriebsratswahlen ist auch der Grund dafür, warum die FPÖ und die Grünen bei der proportionalen Postenverteilung nichts zu bestellen haben: Sie sind keine Arbeitnehmerparteien, und ihre Gewerkschaftsorganisationen sind schwach.

Natürlich haben die Parteien auch ein Interesse daran, Führungspositionen zu besetzen. Das ist aber ein anderes, gesamteuropäisches Phänomen, kein spezifisch österreichisches. Es hat allerdings in Österreich eine besondere Ausprägung:

Führungspositionen in Behörden, Anstalten und öffentlichen Unternehmen sind häufig doppelt besetzt – mit einem Roten und einem Schwarzen. Man nennt das das »Vier-Augen-Prinzip«.

Ein Außenstehender, der sich über die »Farbe« einer Behörde informieren will, muß sich das Ergebnis der letzten Betriebsratswahl zeigen lassen. Meistens ist es eindeutig. Hat dort aber zum Beispiel die ÖVP mit ihrer »Fraktion christlicher Gewerkschafter« 55 und die SPÖ mit der »Fraktion sozialistischer Gewerkschafter« 45 Prozent bekommen, ist das noch lange kein Zeichen dafür, daß in der Belegschaft ein Ringen um die beste Interessenvertretung oder nur ein Machtkampf stattfände. Es spricht eher dafür, daß die Behörde eben elf schwarze und neun rote Abteilungen hat. In solchen Fällen werden bei Neueinstellungen Kompromisse geschlossen: Wenn die Schwarzen den nächsten Sachbearbeiter bekommen, steht den Roten der übernächste zu – ganz gleich, wann und wo die nächste Stelle frei wird. Kommt es zu Streitigkeiten, wird der Fall nach oben weitergereicht. Frischenschlager, der einmal Verteidigungsminister war, erzählt gern den Fall des »Kochs von Zeltweg«. In der Kaserne des obersteirischen Kleinstädtchens sollte ein Feldkoch eingestellt werden, und die Personalvertreter der Garnison konnten sich nicht einigen, welche Partei gerade an der Reihe war. Die Sache zog sich hin, und schließlich erschienen beide Parteien vor dem Minister, der als letzte Instanz zu entscheiden hatte.

Das »Proporzsystem« ist schon häufiger für tot erklärt als detailliert beschrieben worden. Das spricht dafür, daß es noch immer recht lebendig ist. Um es durch ein faires, modernes und transparentes System zu ersetzen, hat man sich die »Objektivierung« einfallen lassen: Stellen müssen öffentlich ausgeschrieben werden, Bewerber eng definierte Voraussetzungen erfüllen, der (und notfalls sogar die) Beste soll den Zuschlag bekommen. Das Mittel hilft nicht, denn gerade unter den Qualifizierten, die für anspruchsvolle Positionen in Frage kommen, finden sich immer genug Parteimitglieder, die die Anforderungen der Stelle und des Proporzes erfüllen. Bei minder qualifizierten Stellen kann die »Objektivierung« so-

Parteien in der Wirtschaft: Politiker besuchen gern ihnen nahestehende Betriebe wie hier eine Textilfirma im Waldviertel/Niederösterreich. Die Bahn gehört traditionell zum Einflußbereich der SPÖ, die Post dagegen zur ÖVP.

wieso nicht funktionieren – sie führt höchstens zu der Frage, warum man nicht statt eines parteilosen auch einen parteigebundenen Bewerber einstellen könne. Die Wurzel des Übels ist die parteipolitische Fraktionierung des Österreichischen Gewerkschaftsbundes und damit der Betriebsräte. Solange die Parteien in den Behörden um Wählerstimmen kämpfen, wird sich an ihrem Einfluß dort nichts ändern.

Von den Parteien durchdrungen sind nicht nur die Behörden, sondern auch beträchtliche Teile der Wirtschaft. Die wichtigsten Industriebetriebe wurden nach dem Zweiten Weltkrieg von der sowjetischen Besatzungsmacht aus deutscher Hand enteignet und zu einer großen Holding zusammengefaßt. Sie ging dann als »Verstaatlichte Industrie« in das Eigentum der Republik Österreich über. Ähnliches galt für Banken und Versicherungen, die staatliche Mineralölgesellschaft OMV und die großen Baufirmen. Alle diese Unternehmen lassen sich bis heute parteipolitisch zuordnen. Die Industriebetriebe unter ihnen sind alle rot. Bunter sieht es im Finanz-, aber auch im Bausektor aus: Es gibt bzw. gab bis vor wenigen Jahren eindeutig schwarze Unternehmen wie die Raiffeisenzentralbank, die Erste Sparkasse, die Creditanstalt und die Bundesländer-Versicherung sowie als roten Verbund den Sparkassenverband, die Bank Austria und die »Wiener Städtische«. Wer sein Girokonto bei der Raiffeisenkasse unterhält und sein Eigenheim bei der Uniqa versichert hat, ist in der Regel auch ÖVP-Mitglied. Für die beiden großen Parteien, besonders für die SPÖ, sind die Banken und die Staatsfirmen ein wichtiges Reservoir an Führungskräften. Der frühere Bundeskanzler Franz Vranitzky (1986–1996) ging aus der SPÖ-dominierten »Länderbank« hervor, sein Nachfolger Viktor Klima (1996 bis 2000) aus dem staatlichen Mineralölkonzern OMV. Zur größten Krise der Großen Koalition kam es, als 1995 der damalige Finanzminister Klima die »schwarze« Creditanstalt mit der »roten« Bank Austria zusammenlegte – eine wirtschaftlich dringend notwendige Maßnahme, die zugleich aber eine schwere Sünde gegen die Regeln des Proporzes darstellte. Der damalige Vizekanzler Wolfgang Schüssel drohte mit dem Koalitionsbruch. Für ihn war besonders peinlich, daß er sich zwar öffentlich erregen mußte, wenn er nicht kalt entmachtet werden wollte, zugleich den Grund seiner Erregung aber nicht klar aussprechen durfte. Denn offiziell mußte er natürlich, um als »Modernisierer« zu gelten, für eine »entpolitisierte« Bank sein. Inzwischen ist die vergrößerte Bank Austria ihrerseits von der Bayerischen Hypo-Vereinsbank geschluckt worden.

In den letzten Jahren ist die Allgegenwart des Parteienproporzes schrittweise zurückgegangen. Staatliche Betriebe wurden privatisiert, gingen ein oder verloren an Bedeutung, österreichische Branchenriesen fanden ausländische, meistens deutsche, Käufer. Wenn neue private Unternehmen entstanden, konnten deren Belegschaften mit der alten Parteiendominanz meistens nichts mehr anfangen. Oft werden für die Betriebsratswahlen schon »unabhängige Listen« gebildet, in denen SPÖ und ÖVP nichts zu sagen haben. Diese »Unabhängigen« sind dann in den gewerkschaftlichen Strukturen zwar schlecht oder gar nicht vertreten. Das ist ihnen aber egal. Sie wollen zum alten System gar nicht mehr dazugehören.

Die Vorstellung von den Parteien als großen Kraken, mit denen jeder, der etwas werden will, seinen Teufelspakt schließen muß, ist von hoher Suggestivkraft, geht an der Wirklichkeit aber wohl vorbei. Die Parteien sind zwar riesig, aber sie sind mehr Spielfeld als Motor des österreichischen Systems. In unserem Ort haben wir sie vorwiegend als Organisatoren von Kartenspiel-Turnieren und Tischtennis-Wettbewerben kennengelernt. Die ÖVP richtet zum Fest der Heiligen Katharina den »Kathrein-Ball« aus, die SPÖ den Maskenball im Februar. Zu den Festen erscheint jeweils auch die Gegenpartei. Der ÖVP-Bauernbund schmiert nach dem jährlichen Volkslauf die Schmalzstullen, die Mutterpartei veranstaltet den Kinderfasching, während die Sozialistische Jugend am Ostersonntag nach der Kirche zum Eiersuchen einlädt. Das ist kein rein dörfliches Phänomen. In Wien funktionieren ganze SPÖ-Sektionen nach den Regeln eines Rentnervereins und widmen sich ausschließlich der altersgemäßen Freizeitgestaltung. Nicht die Partei sucht sich eine gesellige Aktivität, um Mitglieder oder Wähler zu gewinnen, sondern wer tanzen will, sucht sich eine Partei oder eine große, anerkannte Organisation, um seinem Vergnügen nachzugehen. Der Veranstalter garantiert Öffentlichkeit, den Gemeindesaal, die Ankündigung im Gemeindeblatt und die geschlossene Teilnahme der Ortsprominenz. Keine Zentrale steuert das, kein politisches Subjekt denkt es sich aus.

Die »Systempartei« schlechthin ist in diesem Sinne die ÖVP. Bei Licht betrachtet ist sie mehr das Netzwerk des katholischen Österreich als eine politische Partei. Ihre enormen Mitgliederzahlen setzen sich aus den Angehörigen der einzelnen »Bünde« zusammen, aus denen die Partei besteht. Direktmitgliedschaft ist zwar theoretisch möglich, aber selten. Man tritt dem »Österreichischen Wirtschaftsbund«, dem »Arbeiter- und Angestelltenbund« (ÖAAB) oder dem Bauernbund bei und wird damit zugleich Mitglied der ÖVP. Der Zusammenhang ist nicht allen Mitgliedern bewußt. Ein Unternehmer hat mir einmal versichert, er sei arg verblüfft gewesen, als ihm nach Jahren ein anderer »Wirtschaftsbündler« erklärt habe, daß er eigentlich Mitglied der ÖVP sei. Die drei Bünde sind eben durchaus nicht nur bloße Parteiuntergliederungen, die zufällig vereinsrechtlich selbständig sind. Sie haben ihre je eigenen Wirkungsfelder: Der ÖAAB engagiert sich im Gewerkschaftsbund, in der Arbeiterkammer und besonders intensiv in der Beamtenschaft, der Wirtschaftsbund ist die mit Abstand wichtigste Parteifraktion in der Wirtschaftskammer, der Bauernbund dominiert die Landwirtschaftskammer.

Sofern die ÖVP ein Parteileben hat, spielt es sich in den Bünden ab; sie sind auf allen Ebenen, im Ort, im Land und im Bund, präsent.[9] Neben den Bünden existieren, für die Öffentlichkeit bedeutend besser sichtbar, die Fraktionen der ÖVP in Gemeinderäten und Parlamenten, die aber meistens nach Proporz der Bünde zusammengesetzt sind. Neben den drei genannten Bünden gibt es drei weitere, für die das österreichische Kammerwesen kein eigenes Betätigungsfeld bereithält, die weniger aktiv sind und die beim Proporz keine so große Rolle spielen: den »Österreichischen Seniorenbund« (ÖSB), den »Österreichischen Frauenbund« (ÖFB) und die »Junge Volkspartei« (JVP). Mitgliederzahlen der ÖVP herauszubekommen ist kein ganz leichtes Unterfangen. Es wäre nämlich falsch, einfach die der »Bünde« zu addieren. Frauen im Frauenbund und die Älteren im Seniorenbund sind, je nach aktuellem oder früherem Beruf, meistens auch woanders Mitglied. Es gibt entsprechend eine »unbereinigte« und eine »bereinigte« Mitgliederzahl. Nach eigenen Angaben hat die Partei »bereinigt« zwischen 600 000 und 800 000 Mitglieder – gegenüber 630 000 der Schwesterpartei CDU. Der Parteienforscher Wolfgang C. Müller hält 500 000 für wahrscheinlicher.

Die merkwürdige Struktur der ÖVP ist ein Erbe aus dem sogenannten Ständestaat der dreißiger Jahre. Zwar wurde die ÖVP erst 1945 gegründet. Personell knüpfte sie aber an die »Christlich-Sozialen« der Vorkriegszeit an, die mit dem heute weltweit akzeptierten liberalen Parteienstaat nichts im Sinn hatten. Der christlich-soziale Bundeskanzler Engelbert Dollfuß erließ im April 1934 eine autoritäre »Ständeverfassung«, die bis zum »Anschluß« 1938 galt. Sieben »Stände« – Land- und Forstwirtschaft, Industrie und Bergbau, Gewerbe, Handel und Verkehr, Geld-, Kredit- und Versicherungswesen, freie Berufe und der öffentliche Dienst – beschickten über ihre Standesvertreter verschiedene »Räte«, die wiederum Vertreter in den »Bundestag« wählten – kein Parlament, sondern ein Honoratiorenrat. Der Bundespräsident wurde nach dieser Verfassung von der Versammlung der Bürgermeister gewählt.[10] 1945 kamen die Parteien zwar überein, die alte, liberale Verfassung von 1920 wiederzubeleben. Aber in Kreisen der christlichen »Volkspartei« bestand doch eine gewisse Anhänglichkeit an das alte Ständesystem fort. Engelbert Dollfuß' Portrait ziert noch heute den Fraktionssaal der ÖVP im Wiener Nationalrat. Sein System ist nur die logisch durchdachte Organisationsform des alle Gesellschaftsbereiche umfassenden Schemas von oben und unten.

Gedacht war die ÖVP als Regierungs- und Kanzlerpartei. Schon ihrer Struktur nach strebt in ihr, wie im ganzen System, alles zur Mitte. Auch als die ÖVP in den sechziger Jahren auf der Bundesebene relativ schwach wurde, behielt sie ihre Bastionen in Ländern und Gemeinden. Von den neun Länderregierungschefs stellt sie sechs, von den Bürgermeistern 72 Prozent. Immer wieder fielen Parteivorsitzende, die in Österreich in allen Parteien »Bundesparteiobmann« heißen, starken Länderchefs zum Opfer. Der Föderalismus ist der konservativen Wählerschaft der ÖVP ohnehin heilig. Das geht so weit, daß die ÖVP sich in Tirol »Tiroler Volkspartei« und in der Steiermark »Steirische Volkspartei« nennt – so als wenn die SPD in Niedersachsen »SPN« hieße. Der aktuelle Parteichef Wolfgang Schüssel hat, wie seine Umgebung versichert, mit den komplizierten Machtverhältnissen erfolgreich Schluß gemacht – und das, ohne das jahrzehntealte Thema der Parteireform nur anzuschneiden. Tatsächlich haben sich die Bünde, die früher gern öffentlich stritten, seit Schüssels Amtsantritt kaum mehr gerührt, und die Regierungsbeteiligung der ÖVP setzte Schüssel gegen skeptische Landeshauptleute, besonders in Tirol und Vorarlberg, durch. Aber die Partei befand sich auch in einer Ausnahmesituation. Nach kontinuierlichem Niedergang in der Wählergunst war Schüssel 1995 die letzte Hoffnung. Wenn der Wiederaufstieg gesichert ist oder wenn Schüssel der Erfolg eines Tages wieder verlassen sollte, werden die alten Strukturen gewiß wieder lebendig.

Politik ist im alltäglichen Umgang ein Unthema; das gilt sogar für die Ortsverbände der Parteien. Aber so unpolitisch sie auch sein mögen und so frei in dem, was sie an Kommunalpolitik und örtlicher Freizeitgestaltung alles treiben, so ist es den örtlichen Parteiuntergliederungen doch bei Strafe des Untergangs verboten, innerparteilich zu rebellieren oder sich gar ganz aus der Vormundschaft der »höheren« Ebene zu befreien. Inhaltlich bekommt ein Ortsverband kaum je Vorgaben. Parteipolitische Kampagnen, die irgendwo »höheren Orts« ersonnen worden wären, sind eine Seltenheit, und wenn doch einmal eine lanciert wird, schlägt sie nach unten nicht durch. Scheinbar ohne inhaltliche Absichten, aber doch fest halten die Landesverbände ihre örtlichen Sektionen im Griff und gliedern so jede Tanzveranstaltung, jeden Flohmarkt und jeden Weihnachtsbasar in die große Ordnung ein. Das funktioniert nur so lange, wie die Österreicher nicht einfach so zu tanzen anfangen. Nicht der Terror der Parteien, sondern ein eigener, starker Impuls hält sie davon ab. Gäbe es die Parteien nicht, würden sie immer wieder neu erfunden.

Das System der Parteienherrschaft über die Gemeinden halten Ausländer, wenn man es ihnen erklärt, meistens für eine polemische Übertreibung. In vielen Ländern Österreichs wurde es inzwischen – formal oder tatsächlich – reformiert, aber bei uns in der Steiermark steht es noch in voller Blüte. Es funktioniert so: Das Land, das im Unterschied zur Gemeinde gar keine Steuerhoheit hat, verteilt an die Kommunen Bundesmittel, die sogenannten Bedarfszuweisungen. Gemeindehaushalte sind meistens knapp, die laufenden Ausgaben fressen sie fast völlig auf – besonders, wenn der Vorgänger im Bürgermeisteramt zuviel gebaut hat. Will eine Gemeinde Wanderwege anlegen oder gar eine Halle errichten, ist sie auf die Unterstützung des Landes angewiesen. Der große Topf der »Bedarfszuweisungen«, der für diese Zwecke zur Verfügung steht, ist geteilt: Einen Teil verwaltet der (schwarze) Landeshauptmann, den anderen der (rote) »Landeshauptmann-Stellvertreter«. Aus dem »schwarzen« Topf werden die schwarzen Gemeinden, aus dem »roten« Topf die roten bedient. Über die Verwendung der erheblichen Mittel entscheiden die beiden Häupter des Landes aus eigener Machtvollkommenheit. Eine Gemeinde, die sich weder einen roten noch einen schwarzen Bürgermeister gewählt hat, geht leer aus oder wird mit einer Alibi-Zuwendung abgefunden. Das System garantiert dem Landeshauptmann und seinem Stellvertreter in der eigenen Partei nahezu unumschränkte Macht.

Der beste Bürgermeister ist also immer der, der mit seinem Parteichef am besten kann. Das muß man dann auch zeigen. »Sehr geehrter Herr Bürgermeister, lieber Freund«, schrieb der steirische Landeshauptmann-Stellvertreter vor der letzten Kommunalwahl an den Bürgermeister unseres Ortes, »in der heutigen Regierungssitzung hat die Steiermärkische Landesregierung über meinen Antrag wiederum Bedarfszuweisungen für sozialistische Gemeinden genehmigt. Es freut mich, Dir mitteilen zu können, daß dabei auch für Deine Gemeinde folgendes bewilligt wurde: Straßenbau S 2000000,–, Geh- und Radwege S 500000,–.« Der Brief fand faksimiliert im Wahlkampf Verwendung – als Beweis, daß das Auge der Mächtigen wohlgefällig auf unserem Orte ruht. Die »Bedarfszuweisungen« werden gern auch strategisch eingesetzt: Kipplige Gemeinden, die für die Partei verlorenzugehen drohen, werden besonders reich bedacht – wie St. Kathrein am Hauenstein, das für den Fall eines ÖVP-Sieges eine Festhalle aus Landesmitteln versprochen bekam.

Das System funktioniert wie geschmiert oder, treffender: weil geschmiert. Obwohl den Lokalpolitikern die große Politik häufig gleichgültig ist, gibt es nur im Westen des Landes eine nennenswerte Zahl freier Wählergemeinschaften, die hier »Bürgerlisten« heißen. Von den 2350 Bürgermeistern im Lande gehören derzeit 2227, fast 95 Prozent, der ÖVP oder der SPÖ an.

Mit der »Elterninitiative« für die Sicherung des gefährlichen Schulwegs, die wir in unserem kleinen steirischen Ort gegründet hatten, haben wir, ohne es zu wissen, einen Fremdkörper in das politische Biotop unseres Gastlandes eingebracht. Wie die Ökologie lehrt, können sich solche fremden Organismen entweder seuchenartig ausbreiten, weil sie auf keine natürlichen Feinde treffen, oder sie verkümmern rasch, weil sie in der fremden Umgebung keine Nahrung finden. Unserer Initiative war leider das letztere Schicksal beschieden. Wir wollten den Parteien im Gemeinderat Mißstände vorhalten und erwarteten dann von ihnen, daß sie, untereinander wetteifernd, die Probleme politisch lösten.

Das Biotop reagierte aber ganz anders. Der Bürgermeister war tief beleidigt. Er fühlte sich, wie wir mit der Zeit erfuhren, weniger als Anwalt seiner Gemeinde gegenüber Landes- und Bundesbehörden und sah sich auch nicht als auf Zeit gewählter Politiker, der im Auftrag der Wähler in seiner Amtsperiode etwas Bestimmtes durchsetzen wollte. Wäre es so gewesen, hätte er unser Engagement als Rückenwind nutzen können. Er fühlte sich vielmehr als Repräsentant. Wer den Ort angriff, griff ihn an. Nach einem schweren Verkehrsunfall an einem Zebrastreifen schrieben wir ein Flugblatt, mit dem wir die unsicheren Verkehrsverhältnisse anprangerten. Er reagierte, obwohl in dem Flugblatt weder direkt noch indirekt erwähnt, als hätten wir ihn unter Mordanklage gestellt. Immerhin hatten wir indirekt unterstellt, daß seine Weisheit allein nicht ausreichte, die vorhandenen Mißstände zu erkennen und rasch und in der angemessenen Reihenfolge abzustellen. Von seinem totalen Herrschaftsanspruch, der ihn zum Meister der Zebrastreifen und somit auch der Unfälle machte, hatten wir nichts geahnt. Zu unserem Erstaunen zögerte aber auch die andere Partei, die den Vizebürgermeister stellte, das dankbare Thema aufzugreifen, das doch erkennbar viele Eltern mobilisierte – und das nur ein Jahr vor der Kommunalwahl. Auch der anderen Partei war das Verfahren zutiefst suspekt. So würden wir nichts erreichen, ließ mich der Vizebürgermeister einmal im Vorbeigehen wissen.

Bald wurde uns klar, daß auch die meisten Mitglieder unserer Initiative etwas anderes erwarteten. Die Frontstellung Bürger versus Gemeinderat, die wir aufgebaut hatten und die doch gar nicht persönlich oder parteipolitisch, sondern rein sachlich und institutionell gemeint war, wurde ihnen unheimlich. Ob wir nicht lieber ein Kinderfest organisieren sollten? Man könnte ja selbst mal mit dem zuständigen Sachbearbeiter beim Land reden – vorausgesetzt, man hätte ein offizielles Mandat vom Gemeindevorstand. Auch der neue Bürgermeister, der nach gewonnener Kommunalwahl in die Ratsstube einzog, zeigte sich konziliant. Anfragen wurden an uns weitergereicht, und wir bekamen zwei Seiten im Gemeindeblatt reserviert. Daß der Einbau ins System scheiterte, lag allein an uns. Wir wollten weder Honoratioren werden noch murrendes Volk bleiben, sondern einfach als Partner ernstgenommen werden. Aber für eine solche Haltung gab es kein Modell.

Organisationen wie unsere Elterninitiative bilden in anderen Ländern die viel zitierte »Zivilgesellschaft«: Sie entspringen den Ideen und Interessen einzelner Bürger, geben sich nach eigenem Ratschluß eine Struktur, die allerdings demokratischen Grundsätzen entspricht, und treten zu den Institutionen des Staates sowie den politischen Parteien in ein Dialogverhältnis. Das kann sich herzlich, freundlich, unfreundlich oder gar feindselig gestalten, bleibt aber immer ein Dialog. In Österreich ist dieses Verhältnis weithin unbe-

Zarte Pflanzen der Protestkultur: »Aubesetzung« in Hainburg 1984/85 gegen die geplante Errichtung eines Donaukraftwerkes in einer Naturlandschaft und das »Lichtermeer« 1993 gegen das Ausländervolksbegehren der FPÖ.

kannt. Das politische System des Nachbarlandes hat nämlich für polare Strukturen aller Art keinen Sinn. »In Österreich«, sagt der heutige ÖVP-Fraktionsvorsitzende (Klubchef) Andreas Khol, »ist alles zur Mitte hin angelegt.« Mit »Mitte« ist allerdings nur eine der beiden Koordinaten dieses magischen Ortes bestimmt. Wichtiger noch ist die Höhe. Wer etwas verändern will, muß »oben« vorsprechen oder, noch besser, selber nach »oben« aufsteigen. »Oben«, am Hofe Josephs II. oder bei Bruno Kreisky, wurden noch alle großen Reformen ersonnen und durchgesetzt.

Wer dagegen verstehen will, was in Deutschland vor sich geht, muß sich die Extreme anschauen; die »Mitte« liegt genau dazwischen. Will man etwas über die deutschen Entwicklungen der siebziger Jahre erfahren, so studiert man die 68er Studentenbewegung und besonders ihre radikalsten Ausläufer, die terroristischen Organisationen. Die Gefahr einer großen Rechtswende nach der deutschen Wiedervereinigung kann man an der Zahl der radikalen Skinheads und an der Gewalt gegen Ausländer ablesen. Wenn in Deutschland ein Extrem stark wird, dann gilt das meistens auch für das andere – es kommt zur »Polarisierung«. Als Ende der sechziger Jahre Studenten für den Sozialismus auf die Straße gingen, feierte gleichzeitig die NPD ihre größten Wahlerfolge. Siegt eine Partei bei der Bundestagswahl, mobilisiert das die Wähler der anderen, und bei der nächsten Landtagswahl kommt es zum charakteristischen *backlash*. In Österreich gelten diese Gesetze nicht.

Daß mit dem Regierungswechsel eine »Normalisierung« eingetreten sei und das eigentümliche österreichische System sich dem der westeuropäischen Nachbarländer angepaßt habe, wie Bundeskanzler Wolfgang Schüssel zu sagen pflegt, ist deshalb nur eine von mehreren plausiblen Deutungen. Der Wechsel läßt sich auch mit der besonderen österreichischen Logik verstehen: Danach beginnt jetzt einfach eine neue Ära des »Bürgerblocks«. Die FPÖ nimmt einfach die Rolle der SPÖ ein; die Sozialdemokraten würden, als halbe Staatsfeinde, personell aus dem System gemobt und marginalisiert – während der EU-Sanktionen drohte Haider dem neuen SPÖ-Vorsitzenden Alfred Gusenbauer schon mit dem Gefängnis, weil er seinen Eid als Abgeordneter verletzt habe. Aus einer ähnlich halblegalen Lage hatte sich dereinst die FPÖ nur mit der Demagogie und Rücksichtslosigkeit eines Haider befreien können. Einer an den Rand gedrängten Sozialdemokratie stünden solche Mittel kaum zu Gebote. Haiders Aufstieg selbst gehörte noch ganz in die Logik des österreichischen Systems. Während seiner vierzehnjährigen Karriere hat der anfängliche Außenseiter kaum polarisiert – am wenigsten in seiner Hochburg Kärnten. Er hat vielmehr das ganze System so lange zu sich herangezogen, bis er selbst in die Sphäre der »Mitte« geriet. Jetzt sitzt er dort, und von oben aus betrachtet ist alles andere »Rand«. Als die SPÖ in Wien aus der Regierung gekippt wurde, verlor sie prompt auch die nächste Landtagswahl. Wer Österreich verstehen will, muß den Kopf in den Nacken legen und nach oben schauen. Alles geht von oben aus. In Österreich gibt es keine randalierenden Skinheads. »Die einzige Bevölkerungsgruppe, die in Österreich regelmäßig Gewalt gegen Ausländer ausübt, ist die Polizei«, sagt der in Berlin lehrende Bevölkerungswissenschaftler Rainer Münz.

Deutsche Fernsehzuschauer, die die Bilder von sitzstreikenden Tirolern auf der Brenner-Autobahn kennen und erfahren haben, daß Atomkraftgegner die Grenzübergänge nach Tschechien blockieren, mögen einen solchen Befund skeptisch aufnehmen: Hat nicht auch Österreich eine entwickelte Protestkultur? Tatsächlich hat es auch in Österreich, etwas später als in Deutschland, eine »außerparlamentarische Opposition« gegeben, die ein fertig gebautes Atomkraftwerk (Zwentendorf 1978) und den Bau eines Kraftwerks in einem Naturschutzgebiet (Hainburg 1984/85) verhindert hat. Aber die Anliegen der Protestierer wurden rasch integriert. Lieber verzichteten auch wirtschaftsnahe Konservative und die sozialdemokratischen Manager der Stromunternehmen freiwillig, feierlich und für alle weitere Zukunft auf die Nutzung der Kernenergie, als daß sie eine gesellschaftliche Opposition aushielten. Seit 1978 gibt es in Österreich einen Allparteienkonsens gegen Atomenergie. Die heutigen Protestaktionen in Tirol und an der tschechischen Grenze sind etwa so regierungskritisch wie die Freiwillige Feuerwehr. Die Besetzungen von Grenzübergängen nach Tschechien 2000 wurden von der Regierung als Instrument in die Verhandlungen mit Prag eingebracht. Der öffentliche Rundfunk ORF wies im Verkehrshinweis vorsorglich auf die Blockaden hin, der Innenminister erklärte seinem tschechischen Kollegen, daß er, als überzeugter Demokrat, leider nichts gegen die Proteste tun könne. Die Polizei spielte mit und leitete die Autos um. Das ist nicht Ausfluß einer Deeskalationspolitik, die sich aus langjähriger Erfahrung mit Demos speist, wie man es in manchen deutschen Bundesländern erleben kann. Man war sich vielmehr immer schon einig. Wenn in Tirol der Transitverkehr überhandnimmt und ganze Talschaften sich in Tracht zum Protest begeben, bedeutet das nicht, daß die moderne Aktionskultur nun schon bis ins hinterste Bergdorf vorgedrungen wäre. Die alte, harmonische und hierarchische Gesellschaft bedient sich nur neuer Formen. An der Spitze steht immer der Herr Landeshauptmann.

Politik ist in unserem Ort ein Tabuthema. Man spricht so wenig darüber wie über Partnerschaft, Sexualität und Religion. Flicht jemand eine Formel in seine Rede ein: »Die da oben sind all gleich!«, oder: »Die Ausländer gehören fort!«, dann tut er es im Vertrauen darauf, daß rings herum alle nicken. Bei Widerspruch wird die Aussage sofort zurückgenommen oder wenigstens rasch relativiert. Bekenntnisse sind peinlich. Auch in einer groß angelegten »Political-Action-Studie«, bei der 1979 die politische Kultur in Europa und Amerika verglichen wurde, zeigten die Österreicher deutlich das schwächste Profil. Die Bürger wurden nach ihrer Einstellung zur Politik in fünf Gruppen aufgeteilt: die »Inaktiven«, die »Konformisten«, die »Reformisten«, die »Aktivisten« und die »Protestierer«. Im direkten Vergleich mit den Deutschen und den Schweizern lagen die Österreicher unter den »Inaktiven« und den »Konformisten« an der Spitze, das Schlußlicht bildeten sie in den Gruppen der »Protestierer« und auch der »Aktivisten« – für ein Land mit so hohem parteipolitischem Organisationsgrad ein bemerkenswerter Befund.[11] Gefragt, ob sie sich vorstellen könnten, sich an dieser oder jener Aktion zu beteiligen, zeigten die Österreicher immer dann eine besonders geringe Bereitschaft, wenn es sich um etwas Staatsfernes, »Informelles«, handelte. So würden 36 Prozent der Österreicher für eine Bürgerinitiative unterschreiben, aber 50 Prozent der Deutschen. Fritz Plasser und Peter A. Ulram, die wichtigsten politischen Demoskopen des Landes, attestieren ihren Landsleuten ein »defizitäres staatsbürgerliches Selbstwertgefühl«. Im Vergleich zur Schweiz und noch mehr zu den USA seien aber »auch die Deutschen noch weit von einer selbstbewußten Staatsbürgerkultur entfernt«.

Wir stehen hier aber nur scheinbar vor einem quantitativen Unterschied. Zur Verblüffung der amerikanischen Verfasser der »Political-Action-Studie« nämlich paßten die Antworten der Österreicher schlecht in ihre gedanklichen Schemata: Die Befragten zeigten einerseits die niedrigste »responsiveness«, andererseits das höchste Vertrauen zur Obrigkeit. Das sei »eine eigenartige Haltung: Sie glauben, daß Beamte und Politiker sie ignorieren, daß man ihnen aber trauen kann.«[12] In den zwanzig Jahren, die seit der Umfrage vergangen sind, hat sich das Vertrauen der Österreicher zu ihren Politikern verflüchtigt. Geblieben ist die Überzeugung, daß wer die Politik verändern will, alles nur noch schlimmer macht.

Der ÖVP-Politiker Andreas Khol, einer der Vordenker der österreichischen Politik, hat den Gedanken der »Bürgergesellschaft« aufgegriffen und damit ein großes Echo ausgelöst.[13] Für Khol ist die »civil society« in Österreich schon längst vorhanden: in den »sozialen Initiativen, wie sie die Caritas und die tausenden Pfarren und Pfarrgruppen gestalten«, in den »sinnstiftenden Kulturaktivitäten«, im Natur- und Tierschutz, beim Roten Kreuz, in den Feuerwehren, bei den »Farbstudenten«, aber auch bei den sozialistischen Kinderfreunden und »Roten Falken« – alles gehört dazu, »was mit Sport, Brauchtumspflege und Kultur zu tun hat«. Die Protagonisten der Zivilgesellschaft würden nur »von arroganten Intellektuellen als ›Vereinsmeier‹ abqualifiziert«.[14] Es sei die Aufgabe der Politik, sie zu fördern und so die nicht mehr finanzierbare »Liegestuhlgesellschaft« abzulösen – scheinbar ein vertrauter liberaler Gedanke.

Aber nur scheinbar: Denn diese Art Bürgergesellschaft besteht und entsteht gerade in Österreich nicht unabhängig vom Staat, sondern ist überall aufs engste mit ihm verwoben. Die meisten Vereine, vom Automobilclub bis zur Hauskrankenpflege, gehören ohnehin zum Dunstkreis einer Partei. Die landesweiten Vorstände der Feuerwehren, des Kameradschaftsbundes, des Roten Kreuzes sind nach parteipolitischem Proporz besetzt. Bei uns in der Steiermark ist der Landesfeuerwehrkommandant von der FPÖ, geht aber nach den Sitten seines Verbandes mit der ÖVP-Landeshauptfrau wahlkämpfen, und der oberste Kapellmeister der Blasmusikkapellen war über lange Jahre zugleich der FPÖ-Landesvorsitzende. In den Gemeinden sind die wichtigsten Vereine mit Vorstandsmitgliedern persönlich im Rat vertreten; die Versammlung der »Obleute« unter dem Vorsitz des Bürgermeisters ist ein wichtiges Koordinationsgremium für die Gemeindepolitik. Wenn die Marktmusik und der Chor auftreten, gibt ihnen die politische Gemeinde einen »Rahmen«, und der Bürgermeister, sein Vize und die anderen Herren – sehr selten: Damen – vom »Gemeindevorstand« werden namentlich begrüßt. Die Gemeinde baut ihren Vereinen ein Musikheim und ein Spritzenhaus. Wenn ein Politiker in den Ort kommt, spielt die Trachtenkapelle auf. In dieser Art »Bürgergesellschaft« erscheinen Staat und Parteien nur wieder in anderer, gefälligerer Gestalt.

Als Instanzen der einen, alles umfassenden Obrigkeit fühlen sich die Parteien wenigstens auf den niedrigen Ebenen im politischen Meinungsstreit wenig gefordert. Die Folge ist eine für den deutschen Geschmack große Beliebigkeit ihrer Positionen. Die ÖVP ist in der Rechtspolitik nicht so konservativ wie in Deutschland die CSU, aber in der Sozial- und Wirtschaftspolitik auch lange nicht so liberal. Am Wettstreit um die fremdenfeindliche Volksseele, den SPÖ und FPÖ über Jahre miteinander austrugen, hat sie sich nicht beteiligt. Zwar blockierte sie manchmal liberale Rechtsreformen, etwa die Angleichung des Schutzalters für homosexuelle Partnerschaften an die heterosexuellen. Aber Frauen in der Politik sind auch für die ÖVP schon lange kein Problem mehr. Wirtschaftsliberalismus dagegen, wie er in der CDU/CSU seit Ludwig

Erhard selbstverständlich ist, ist in der ÖVP minoritär – eben weil sie in Österreich »die Wirtschaftspartei« ist. Das Land hat kaum mächtige Großkonzerne, die an einer Öffnung der Märkte ein Interesse haben, aber viele kleine und mittlere Unternehmen, die sich für regionale Förderungen interessieren. Die Wirtschaftskammer als ihre mächtige Vertretung ist von den Kleingewerbetreibenden dominiert. Entsprechend agiert die ÖVP gern als Schutzverband für Marktregulierung und Privilegien. Größere Debatten, wie die um die antiquierte Gewerbeordnung, werden regelmäßig von den Handwerksmeistern gewonnen. Wirtschaftsliberale pflegen in der ÖVP zu verzweifeln. Der letzte von ihnen war der Wirtschaftsminister Johannes Ditz, der 1995 entnervt aufgab und in ein Unternehmen wechselte. Eher noch als ein liberales gibt sich die ÖVP, wenn überhaupt, ein soziales Profil – begibt sich also auf ein Feld, das vorrangig von der SPÖ besetzt ist.

Die SPÖ, die sich bis 1991 noch »Sozialistische Partei Österreichs« nannte, hat sich, ähnlich wie ein Jahr später die SPD mit ihrem »Godesberger Programm«, schon 1958 vom Marxismus als Parteiideologie getrennt und versteht sich seither als eine Art linke Volkspartei – auch wenn die SPÖ sich nicht so nennen würde, denn der Begriff »Volkspartei« dient in Österreich der Konkurrenz als Parteiname und ist deshalb für Sozialdemokraten tabu. Das historische Erbe der SPÖ ist, gerade an der dreizehn Jahre älteren deutschen Schwesterpartei gemessen, besonders reich und ehrwürdig. In der Zwischenkriegszeit schufen österreichische Sozialdemokraten mit dem »roten Wien« eine europaweit bewunderte Modellstadt mit einem eigenen Steuersystem, vorbildlichen Sozialleistungen und einem großartigen Wohnungsbau, dessen Produkte, die »Höfe«, heute noch zu den wesentlichen Attraktionen der Stadt zählen. Ihre bis heute enorme Mitgliederzahl erreichte die SPÖ nicht mit Klientelismus, sondern durch Überzeugung: Schon 1922, als es noch nichts zu verteilen gab, hatte sie mehr als 550000 Mitglieder.[15] Mit dem späteren Parteivorsitzenden Otto Bauer (1881–1938), der in seinem umfangreichen politiktheoretischen Werk den »Austromarxismus« begründet hatte, vermied die Partei nach dem Ersten

Weltkrieg – als einzige in Europa – die Spaltung in Mehrheitssozialdemokraten und Kommunisten. Bauer trat als Marxist für die Sozialisierung der »Schlüsselindustrien« ein, sah aber die Gefahr der Bürokratisierung voraus und lehnte, anders als die Kommunisten, die Einschränkung bürgerlicher Freiheitsrechte ab.

Seit 1945 sind in der SPÖ allerdings auch ausgesprochen rechte Traditionen zu Hause. Nach dem Krieg galt zunächst für alle NSDAP-Mitglieder – also für die Mehrheit der Männer im politikfähigen Alter, für die meisten höheren Beamten, Ärzte, Anwälte und die dörflichen Meinungsführer – ein Verbot der politischen Betätigung und der Entzug des Wahlrechts. Als der Bann 1949 gelöst wurde, bemühten sich SPÖ und ÖVP beide um dieses enorme Potential. Im traditionell antiklerikalen Kärnten zum Beispiel gelang es den »Roten«, die »Braunen« für sich zu gewinnen, nebenan in der Steiermark schafften es die »Schwarzen«. So wurde das ländlich-agrarische Kärnten rot und die industrielle Steiermark schwarz. Der steirische SPÖ-Vorsitzende Alfred Blazizek, NSDAP-Parteigenosse schon seit 1933, ärgerte sich in den fünfziger Jahren so sehr über den Erfolg seines schwarzen Konkurrenten Josef Krainer, daß er den Katholiken bezichtigte, mit den slowenischen Partisanen unter einer Decke gesteckt zu haben. Blazizek fand auch seinen slawischen Nachnamen nicht passend und suchte sich einen germanischen. Weil der Geburtsname der Mutter aber auch nicht deutsch genug klang, ging er bis zur Großmutter zurück und nannte sich fortan Schachner. Sein Sohn Peter ist heute SPÖ-Vorsitzender und stellvertretender Landeshauptmann in der Steiermark. 1992 überraschte dieser damit, daß er die Schirmherrschaft über das Treffen einer SS-Kameradschaft in Graz übernahm und erst nach wochenlangen Protesten wieder niederlegte. In Kärnten verfügt die SPÖ bis heute über einen »nationalen« Flügel, der auch so genannt wird. Ein SPÖ-Bürgermeister im oberösterreichischen Wels durfte jahrelang seine Nähe zu rechtsradikalem Gedankengut demonstrieren, bis er dann doch einmal gemaßregelt wurde.

Am wenigsten fremdeln wird ein deutscher Beobachter bei

den österreichischen Grünen. Sechs Jahre nach den deutschen 1986 gegründet, haben sie ähnliche Debatten und, wenn auch schwächere, Flügelkämpfe hinter sich gebracht. Wie die deutschen wandelten sich die österreichischen Grünen rasch zu einer eher linksliberalen Partei ohne radikales Image oder nur scharfes Profil. Nur die Gründe dafür unterscheiden sich. In Deutschland bewirkte die Beteiligung an SPD-geführten Landesregierungen eine rasche Anpassung an realpolitische Zwänge und eingefahrene Denkmuster und ermöglichte 1998 schließlich den Eintritt in die rot-grüne Koalition im Bund. In Österreich mit seinen starren Verhältnissen in den Ländern entfällt die wichtige Übungsmöglichkeit. Eine »Mehrheit links von der ÖVP«, wie eine »Mehrheit links von der Union« in Deutschland, hat es in Österreich seit Bestehen der Grünen nicht gegeben. Daß die Grünen trotzdem nicht in Fundamentalopposition verharrten, hat eher kulturelle Gründe. Die Protest- und Alternativszene der siebziger Jahre, in deutschen Großstädten ein treues grünes Wählermilieu, war in Österreich kleiner und zahmer. Gründer wie spätere Führungsfiguren der Grünen kamen häufig, als enttäuschte Kreisky-Anhänger, von der SPÖ. Ähnlich wie in Deutschland Joschka Fischer ist in Österreich der Grünen-Vorsitzende Alexander van der Bellen einer der beliebtesten Politiker. Aber während Fischer seine Popularität als ehemaliger »Streetfighter« und Turnschuhträger erreichte, punktet van der Bellen als gemäßigter Professor mit konservativ-patriarchalem Habitus. Auch seine Vorgängerin im Amt, Madeleine Petrovic, sprach als Typ weniger die in Österreich sehr kleine feministische Szene an als etwa bürgerliche Tierversuchsgegner.

Die in ganz Europa bekannte FPÖ teilt die Profilschwäche der Konkurrenz durchaus – was wir lange gar nicht glauben wollten. Wir kannten die Sprüche des Vorsitzenden Haider und vermuteten, daß seine Parteifreunde mit lockerer Zunge beim Bier noch weit rascher Rechtsextremes absondern würden als der schlaue und vorsichtige Chef. Aber wir irrten. Eine geschlossene Parteiideologie gibt es nicht, wohl noch weniger als in den Zeiten vor Haider. Versuche der alten Deutschnationalen in der Partei, ihn auf einklagbare Positionen festzunageln, hat der machtbewußte Parteichef vereitelt. Wo es keine erkennbare Richtung gibt, gibt es auch keine Richtungskämpfe.

In der FPÖ sind uns tatsächlich die unterschiedlichsten Gestalten begegnet. Wir haben auf Gemeindeebene zu unserer großen Überraschung eine kultivierte, liberale, angenehm maßvolle und weltoffene Frau kennengelernt, die für die Partei Kommunalpolitik trieb. Wenn sie einen Pferdefuß hatte, haben wir ihn jedenfalls nicht entdeckt. Häufiger angetroffen haben wir den entgegengesetzten Typus des dumpfen Spießbürgers, der alles Fremde und Neue ablehnt, sich chronisch benachteiligt fühlt und erkennbar einen gewaltigen Haß mit sich herumträgt. Von Zeit zu Zeit begegnen einem deutschnationale Ideologen, meist aus einschlägigem akademischem Hause, die stundenlang mit einer gewissen Obsession über »Volkstumsfragen« referieren können und an Deutschen offenbar einen Narren gefressen haben. Als weitere Gruppe gesellt sich zu ihnen eine Handvoll überzeugter Neoliberaler wie der junge Finanzminister Karl-Heinz Grasser, Sohn eines Autohausbesitzers, und der Vize-Nationalratspräsident und Papierindustrielle Thomas Prinzhorn. Wohl am häufigsten aber trifft man unter den Aktivisten jüngere, nach ihrem Selbstverständnis unideologische, geradezu unpolitische Männer und Frauen, über deren Motive man lange vergeblich rätseln kann – Sportler und TV-Sternchen, Szenewirtinnen und Grundstücksmakler, die zwar im Zweifel gegen den Staat und für freies Geldverdienen sind, sich sonst ihre Positionen aber wahllos am Markt der Meinungen zulegen. Viele von ihnen sehen nach den landläufigen Begriffen gut aus, sind sportlich, »bodygebuildet« und solariengebräunt oder, mit einem handlichen österreichischen Begriff, »fesch«. Mit einer schönen Wortschöpfung des Wiener Autors Armin Thurnher nennt man sie die »Feschisten«.

Jörg Haider, der über vierzehn Jahre die unbeschränkte Personalhoheit in der FPÖ ausgeübt hat, experimentierte mit allen diesen Gruppen herum. Für eine Weile hob er mit Heide Schmidt eine ernsthafte Liberale auf den Schild, trieb sie dann aber mit seiner ausländerfeindlichen Politik aus der Partei.

Aus der Gruppe der Unpolitischen holte er sich die sogenannte Buberl-Partie, einen eingeschworenen Kreis von streng loyalen jungen Männern. Auch in den Ländern setzten sich mit Haiders Hilfe oft solche »neuen« Leute durch. Mangels politischer Überzeugungen erlagen sie aber häufig den in Österreich zahlreichen Versuchungen zum Konsens und mußten immer wieder mühsam auf radikale Oppositionslinie getrimmt werden. Daß die Gruppe der haßerfüllten Spießer wenig wählerwirksam ist, weiß Haider; einen alten, schimpfenden und schwitzenden Le Pen oder Schönhuber sucht man in der »feschen« FPÖ vergeblich. Statt dessen griff er immer wieder auf die Abkömmlinge der feinen »nationalen« Häuser zurück, sofern sie nicht zu ideologisch waren und zuviel eigenes Profil entwickelten. Die jetzige Parteichefin Susanne Riess-Passer zum Beispiel stammt aus freiheitlichem Hause und war während des Studiums in Innsbruck im »Ring freiheitlicher Studenten« aktiv. Ein wichtiges Rekrutierungspotential für FPÖ-Politiker stellen die studentischen Burschenschaften dar, die in Österreich besonders stark und besonders radikal sind.

Eine »Gesinnungsgemeinschaft«, wie sie heute auf Parteitagen beschworen wird, ist die 1955 gegründete FPÖ früher einmal gewesen, lange, wenn auch nicht immer, eine mehr oder weniger braune. Das seltsame Adjektiv »freiheitlich« ist nichts weiter als eine seit dem 19. Jahrhundert bekannte Übersetzung des lateinischen »liberal«. Als deutsches Wort klingt es aber markiger und bringt die Partei nicht in Zusammenhang mit irgendwelcher Libertinage, die den FPÖ-Gründern sicher fremd war. »Liberale« im biederen bundesdeutschen Verständnis des Wortes waren in der FPÖ immer eine Minderheit. Wohl schlossen sich der Partei einige Industriellenfamilien und etliche Freiberufler an. Aber als ewige Oppositionspartei konnte sie deren wirtschaftliche Interessen nie wirksam vertreten. So blieb die FPÖ im Kern die Partei der Deutschnationalen, der NS-Belasteten und der »Volksdeutschen« aus früheren Teilen der Monarchie. Der Wählerschwund, den sie bis in die achtziger Jahre hinnehmen mußte, war biologischer Natur. Der dritte Nachkriegsvorsitzende Norbert Steger, der die Partei von 1983 bis 1986 in eine Koalition mit der SPÖ führte, hätte gern eine liberale Partei aus ihr gemacht, scheiterte damit aber. 1986 übernahm mit der Hilfe des starken nationalen Flügels und der betont nationalen Kärntner Landesorganisation Jörg Haider in einer Kampfabstimmung den ganzen Laden.

Von da an ging es steil bergauf. Der damals 36jährige Haider, fesch, schlagfertig, braungebrannt, schuf sich das Image des Rebellen, des »Robin Hood«, wie der Klagenfurter Psychoanalytiker Klaus Ottomeyer es beschrieben hat.[16] Rücksichtslos gegen Freund und Feind, wirkte er in der betulichen, auf Konsens bedachten Szene wie der Hecht im Karpfenteich. »Der traut sich was, der Jörg«, lautete 1986 einer seiner erfolgreichsten Wahlslogans – Haider war für seine schüchterne Klientel stellvertretend mutig. Auf klare Ziele ließ er sich niemals festlegen. Seine NS-Sprüche, die er nach seiner Sozialisation in betont braunem Hause spontan und unbedacht produzierte, waren für den Durchschnittsösterreicher nicht wirklich skandalös, lösten aber Proteste im Ausland aus. So knüpfte Haider, gewollt oder ungewollt, an das noch frische »Mir-san-mir«-Bewußtsein der Österreicher an, die soeben gegen den Protest der halben Welt Kurt Waldheim zum Bundespräsidenten gewählt hatten. Das dankbare Ausländerthema, Affekte gegen »Privilegienritter« und »Sozialschmarotzer« trugen ihm weitere Popularität ein.

Aber seinen Standpunkt, seine politische Marktlücke fand Haider nicht auf der Links-rechts-Achse, wo man ihn in Europa gern lokalisieren möchte. Plausibel und vorhersehbar ist er nur im österreichischen Oben-unten-Schema. Haider steht »bei uns unten«, redet mit jedem, kennt die Sorgen jedes einzelnen und wird bei »denen da oben« gefürchtet, obwohl oder weil er bald ebenso groß ist wie sie. Immerhin ist er Doktor und redet im Fernsehen. Psychoanalytisch gesprochen, präsentiert sich Haider nach Ottomeyers Deutung als »der große Bruder«, der die kleineren Geschwister gegen die »Eltern« in Schutz nimmt, Eltern, welche ihrerseits den nachgeborenen, noch kleineren Geschwistern – den Ausländern – viel unverdiente Aufmerksamkeit schenken. Der Gegensatz von oben und unten soll nicht verschwinden, im Gegenteil:

Er ist ja Haiders Nährboden. Lange gaben die beiden Koalitionsparteien in Wien die idealen »Eltern« ab, gegen die man rebellieren konnte. Nach dem Regierungseintritt 2000 boten die Mächtigen in der EU eine Zeitlang Ersatz, bis die Schienbeintritte gegen französische und belgische Staatsmänner politisch zu gefährlich wurden. Seit der große Bruder erwachsen ist und keine Eltern mehr angreifen kann, macht seine Partei eine Krise durch.

Haiders Rebellion darf nicht mit einer antiautoritären Revolte verwechselt werden, und seine gelegentliche liberale Kritik am patriarchalischen System in Österreich ist nur zum Vorzeigen da, hat aber mit den Impulsen hinter seinem Aufstieg nichts zu tun. In Kärnten, wo Haider regiert und man vor seinen ausgefeilten Machttaktiken zittert, ist von Ermunterung freien Bürgersinns nichts zu spüren. Die FPÖ hat von allen Parteien die autoritärste und hierarchischste Struktur. Sie wurde von Haider zu einer regelrechten Führerpartei umorganisiert. Die Satzung der FPÖ, immerhin das organisatorische Grundgesetz der stimmenstärksten österreichischen Regierungspartei[17], wird regelrecht geheimgehalten. Das Büro des Bundesverbandes an der Kärntner Straße in Wien hält das Papier einfach zurück; an einen Anspruch auf Information wird dort offenbar nicht geglaubt. »Wird nicht herausgegeben«, lautet nach fünfmaligem telefonischem Nachfragen der endgültige Bescheid. Man muß sich die Satzung über komplizierte Umwege besorgen.

Zwar werden nach den Reformen zweier Parteitage 1992 und 1998 die Organe noch von unten nach oben gewählt, aber Parteichef Haider durfte von da an, wie seit dem Mai 2000 auch seine Nachfolgerin Susanne Riess-Passer, »allen Mitgliedern und Funktionären Weisungen erteilen«[18]. Ohnehin sind »alle Mitglieder verpflichtet«, sich an die »Beschlüsse der Parteiorgane zu halten«. In demokratischen Parteien können Beschlüsse nur Parteigremien binden – getreu dem Grundsatz der Kontrolle von unten nach oben. Die Bindung einzelner an Parteibeschlüsse, also die direkte Kontrolle von oben nach unten, ist demokratisch unzulässig – und schon gar die Unterwerfung unter ein »Weisungsrecht«. Das sei »Leninis-

Streitfall FPÖ: Rechtspopulist Jörg Haider auf Wahlkampftour 1994; Protestaktionen gegen die konservative Regierungskoalition von FPÖ und ÖVP im Februar 2000 in Wien.

mus«, sagt der Innsbrucker Politologe Anton Pelinka. In der FPÖ, die selbst von Bundespräsident Thomas Klestil als »demokratische Partei« gelobt wird, gehört zu den Aufgaben der Parteiführung unter anderem die Beobachtung der »nachgeordneten Funktionäre und Parteiorgane«. Aus einer Basis, die die Führung kontrolliert, wird im hierarchischen Aufbau eine Schar von untergebenen, kontrollierten Weisungsempfängern. Parieren die Organe nicht, können sie von oben sogar »aufgelöst« und durch »geschäftsführende Organe« ersetzt werden. »Interessen einzelner Mitglieder oder von Parteiorganen« haben nach Paragraph 23 »vor dem höheren Interesse der Gesamtpartei zurückzutreten«. Der Parteichef kann sich seine Parlamentsfraktion nach Gutdünken zurechtschneidern: »Bei der Aufstellung der Kandidatenlisten für Nationalratswahlen und Wahlen zum Europaparlament«, heißt es im Paragraphen 15 der geltenden Satzung, »obliegt die Letztentscheidung dem Bundesparteiobmann.« Mehrheiten nützen nichts; Kritiker können so ganz legal aus allen Gremien ferngehalten werden.

Totes Papier sind die Bestimmungen nicht geblieben: 1998 setzte die Parteiführung über Nacht sämtliche 700 gewählten Funktionäre des Landes Salzburg von oben ab und nachher in Gnaden wieder ein.

Sogar braune Ideologie, die sonst säuberlich vermieden wird, findet sich in dem bemerkenswerten Dokument: »Zweck der Partei« sei eine Politik »auf der Grundlage echter Volksgemeinschaft« – ein zentraler NS-Begriff, der seit 1945 allgemein verpönt ist. Zwar hat auch Österreich ein Parteiengesetz, aber es schreibt nicht vor, wie Parteien sich zu organisieren haben. Theoretisch könnte eine Partei auch den Vorsitz auf Lebenszeit oder die Erbfolge im männlichen Stamm einführen. Seit 1976, als das Parteiengesetz eingeführt wurde, unterliegen die Parteien auch nicht mehr dem Vereinsrecht, das – ähnlich wie in Deutschland – allen Organisationen demokratische Regeln zwingend vorschreibt. Nicht nur rinks und lechts kann man in Österreich besonders leicht velwechsern. Die emotionale Ferne des Volkes von den Mächtigen läßt auch die Funktionen derer »dort oben« zur Unkenntlichkeit miteinander verschwimmen. Für die Idee der Gewaltenteilung herrscht selbst unter politisch Gebildeten wenig Verständnis. Zwar trifft man überall in Österreich einen ausgeprägten Sinn für die Unabhängigkeit der rechtsprechenden Gewalt – und immer viel Skepsis, ob sie auch wirklich garantiert ist. Aber Legislative und Exekutive sind kaum voneinander geschieden. Unsere Tochter hat in der Schule gelernt, der »Bezirkshauptmann«, vergleichbar einem deutschen Oberkreisdirektor, sei der »Vorgesetzte« der Bürgermeister des Bezirks.

So wird es nicht nur Kindern beigebracht, so wird es auch empfunden – nicht zuletzt von den Bürgermeistern selbst. Niemand findet etwas dabei, wenn weisungsgebundene Beamte gewählte Mandatsträger vereidigen – wo doch der Theorie der Gewaltenteilung nach erstere nur auszuführen haben, was letztere beschließen. Bis vor wenigen Jahren wurden im Landtag zu Graz die parlamentarischen Ausschußsitzungen von den Beamten der Landesregierung geleitet, die die Ausschüsse eigentlich hätten kontrollieren sollen. Bürgermeister pflegen zu den beamteten Würdenträgern in der Landeshauptstadt ein serviles Verhältnis. Wenn die Fraktionen im Gemeinderat über eine Rechtsfrage streiten, zum Beispiel ob bei einer Abstimmung alles mit rechten Dingen zuging oder das Protokoll einer Sitzung den Tatsachen entspricht, schlichtet nicht ein Verwaltungsgericht den Streit der Legislative, sondern die »Gemeindeaufsicht« der Landesregierung – eine Behörde also. Auch sie ist doppelt besetzt: ein Roter für die roten, ein Schwarzer für die schwarzen Gemeinden, und schlägt Beschwerden, die naturgemäß meistens von den Grünen oder der FPÖ kommen, regelmäßig nieder. Manche absolutistisch regierenden Bürgermeister beachten nicht einmal die Grundanforderung, alle Vierteljahre eine Gemeinderatssitzung einzuberufen. Der Verstoß bleibt immer ungeahndet. Daß die Regierung eigentlich nur zu »exekutieren«, also auszuführen hat, was die Parlamentarier beschließen, ist dem durchschnittlichen Österreicher ein fremder Gedanke. »Exekutive« ist im österreichischen Sprachgebrauch nicht von ungefähr ein verbreiteter Begriff für die Polizei. Die Polizei führt aus, was die Regierung will.

Der Beamte zählt im Zweifelsfall mehr als der gewählte Volksvertreter, und auf demokratische Rituale wird in dem Land, das sonst so sehr auf Formen hält, wenig gegeben. Auf Verfahrensregeln zu bestehen gilt als kleinlich und albern, wenn nicht als Querulantentum. Ein guter Kumpel im Gemeinderat ist nur, wer alles nicht so eng sieht. Es beginnt schon bei der Vorstandswahl im Sportverein: Besteht jemand auf den Regeln für eine ordnungsgemäße Wahl, kommt rasch verlegenes Kichern oder sogar offener Unmut auf: Können wir das nicht formlos machen? Hat etwa jemand etwas dagegen? Die Formverachtung geht auf Kosten der Minderheit. Vor allem grüne Kommunalpolitiker stöhnen, daß ihnen wichtige Unterlagen oft vorenthalten werden und auf Zuruf abgestimmt werden muß. Nicht einmal die Bundesregierung hat eine Geschäftsordnung.[19]

Im Alltagsleben eines Journalisten hat die eigentümliche Rangordnung von Parlamentariern und Beamten auch ihre angenehmen Seiten. Ministerialbeamte und Führungskräfte von Landesbehörden, selbst einfache Sachbearbeiter sind im doppelten Sinn des Wortes souverän. Das ist schon 1917 dem Dichter Hugo von Hofmannsthal aufgefallen, der in Preußens »homogener Beamtenwelt« den »Träger *eines* Geistes« erkannte und in Österreichs »polygenem« Apparat »keine geforderte Denk- und Fühlweise« finden konnte.[20] Die aus Wien stammende Publizistin Hazel Rosenstrauch, die lange in Deutschland gelebt hat, stieß nach ihrer Rückkehr nach Österreich »immer wieder auf einen Typus aufgeklärter Beamter, der mir in 23 Jahren Deutschland so nie begegnet ist«.[21] Österreichische Beamte reden, zum Beispiel im Gespräch mit Journalisten, weit offener als ihre deutschen Kollegen, achten nicht ängstlich auf irgendwelche Sprachregelungen und breiten gern ihre konzeptionellen Vorstellungen aus. Bringt einer von ihnen seine Ideen zu Papier, käme niemand auf den Gedanken, dahinter einen Versuchsballon des Ministers zu vermuten. Als konzeptioneller Kopf der Ausländerpolitik wurde jahrelang ein Sektionschef (Abteilungsleiter) im Innenministerium gehandelt, der in der Presse offen, ganz wie sein Dienstherr, als politisches Subjekt vorkam – einschließlich seines biographischen Weges vom radikalen Jungsozialisten zum rechten Flügel der SPÖ. Sogar namentliche Interviews wurden mit ihm geführt. Einer seiner Kollegen im Verteidigungsministerium schreibt seit Jahren Manifeste, in denen er, gegen die Regierungslinie, den Beitritt Österreichs zur Nato fordert.

Deutsche Ministerialbeamte dienen, und was sie einem Journalisten »stecken«, steht meistens schon seit Tagen in allen Zeitungen. Hat man aber das Glück, einen österreichischen Amtschef ans Telephon zu kriegen, kann man hoffen, daß er einem einen ganzen Kosmos aufschließt. Ministerialbeamte in Wien haben auch wenig zu befürchten. Die Berufung von Abteilungsleitern ist nach allgemeinem Usus Kabinettssache: Nicht der Minister, sondern die ganze Regierung entscheidet über wichtige Personalfragen. Das gibt den hohen Beamten eine besonders starke Stellung – eben die, die ihnen im Bewußtsein des Volkes ohnehin zukommt.

Das deutsche Reich 1939 mit dem am 14.3.1938 eingeliederten Österreich.

A bißl eine Pest

Nazizeit und Ausländerfeindlichkeit

Der »schlampige Umgang mit der Vergangenheit« mache »auch vor Journalisten nicht halt«, schrieb im Oktober 2000 ein »Arch. Hans K.« aus Baden bei Wien an seine Tageszeitung. Der Architekt hatte in dem Blatt den folgenden Satz aufgespießt: »Der 1929 in Wien geborene Medizin-Nobelpreisträger Eric Kandel mußte 1939 wegen seiner jüdischen Herkunft Österreich verlassen.« Das klingt schaurig vertraut, ist für geschulte Ohren aber ein Widersinn, denn: »1939 existierte Österreich nicht mehr!« Ein Land, das es gar nicht gibt, kann man natürlich auch nicht verlassen. Österreich verließ der spätere Nobelpreisträger vielmehr, wie alle seine Bürger, schon 1938, als es ein Teil des Deutschen Reiches wurde. Oder, präziser: Österreich verließ ihn. Leser K. machte auch deutlich, daß er seinen Einwand keineswegs für eine Spitzfindigkeit halte: »Solche Fehlleistungen« wie die Verwendung des Namens Österreich als Schauplatz irgendeines Vorganges im Jahre 1939 seien »in der derzeit heiklen Situation sehr bedauerlich«.[1]

Architekt K. hat die alte, offizielle Haltung Österreichs zur nationalsozialistischen Vergangenheit mit einer Deutlichkeit auf den Punkt gebracht, wie sie heute auch den meisten Österreichern fremd vorkäme. Sie besagt: Zwischen 1938 und 1945 gehörte das Gebiet, das vorher und nachher als »Österreich« bekannt war, zu Deutschland. Folglich kann »Österreich« für das, was in jenen Jahren auf seinem Staatsgebiet geschah, unmöglich verantwortlich gemacht werden.

Strenggenommen gilt das nicht nur für den Staat, sondern auch für seine Bürger, denn wenn es kein Österreich gab, gab es natürlich auch keine Österreicher. Zwar hat auch das offizielle Österreich nie geleugnet, daß Adolf Hitler in Braunau am Inn geboren wurde und Adolf Eichmann in Linz an der Donau aufwuchs oder daß schon 1904 im böhmischen Aussig (heute Ústi nad Labem) eine »Deutsche Arbeiterpartei« gegründet wurde, die später in die NSDAP überging, welche es im vormaligen und späteren Österreich bis 1942 auf die stolze Zahl von 688478 Mitgliedern brachte, oder daß in Mauthausen bei Linz ein berüchtigtes Konzentrationslager stand. Aber Hitler und Eichmann begingen ihre Verbrechen als Deutsche, nicht als Österreicher. Sie haßten Österreich. Soll das Österreich, das von ihnen ja gerade vernichtet wurde, sich auch noch für sie schämen?

Nach dem Zweiten Weltkrieg gab es im allgemeinen Bewußtsein der ganzen Welt ein unumstrittenes Tätervolk: die Deutschen. Natürlich waren nicht alle Deutschen Nazis, es gab auch eine Emigration und einen Widerstand. Aber die ganze deutsche Gesellschaft trug auf diese oder jene Weise, mehr oder weniger, Verantwortung für den Massenmord: teils durch aktive Täterschaft oder den Glauben an die rassistische Ideologie, teils durch opportunistisches Wegschauen, wenn Juden vertrieben, verprügelt oder ermordet wurden, teils auch nur durch die mangelnde Widerstandskraft der Demokraten, der Arbeiterbewegung, der deutschen Geisteswelt gegen die Ideen und die Aktionen der Nazis. Spätestens als seine Soldaten die Grenzen des Deutschen Reiches überschritten, war »Deutschland« der Täter, nicht mehr nur eine Partei.

Das Muster von Opfer- und Tätervölkern überzog nach 1945 ganz Europa, auch wenn die Verhältnisse sonst nirgends so klar waren wie bei den Deutschen und, am entgegengesetzten Ende, den Juden. Die überfallenen Polen und Franzosen waren danach klar Opfer, viele leisteten Widerstand und trugen zur Befreiung ihrer Länder bei. Italiener und Ungarn, Bulgaren und Rumänen dagegen waren wenigstens zeitweise Verbündete der Deutschen. Slowaken und Kroaten kamen mit deutscher Hilfe zu Nationalstaaten. Sie haben gemeinsam, daß es unter ihren Bewohnern, in unterschiedlichem Ausmaß, Kollaboration und Widerstand gab. Ob sie sich aber 1945 kollektiv als Opfervolk fühlen durften oder als Tätervolk fühlen mußten, hing weniger von den Mehrheitsverhältnissen zwischen Widerstandskämpfern und Kollaborateuren im Kriege ab als von der Rolle, die die Nazis ihnen zugedacht hatten, von den Parteien, die dort nach 1945 regierten, und manchmal regelrecht von Zufällen. In Italien hatte von 1922 bis 1943 ein, wenn auch viel weniger aggressiver Faschismus regiert. Die Ehre der italienischen Nation rettete, daß es dem Widerstand gelang, den mit Hitler verbündeten Diktator Mussolini zu vertreiben. Die Slowenen sollten unter deutscher Besatzung teils umgesiedelt und teils »eingedeutscht«, als Nation jedenfalls eliminiert werden. Einfach Slowene zu sein war unter deutscher Besatzung eine Art von Widerstand. In einigen der Opfervölker, so bei den Franzosen und den Niederländern, entspann sich später, oft erst nach Jahrzehnten, eine Debatte über die »eigenen« Kollaborateure, die aus dem nationalen Weltbild zunächst retuschiert worden waren.

Österreich paßt, als einziges Land auf dem europäischen Kontinent, in diese Systematik nicht hinein. Die Österreicher waren in jenen Jahren keine Kollaborateure, weil die Kollaborateure keine Österreicher waren. Das nationale Empfinden der Österreicher verhält sich zum Nationalsozialismus und zum Zweiten Weltkrieg einfach neutral.

Dabei hat es nach 1945 durchaus sehr energische Versuche gegeben, die kollektive Erinnerung der Österreicher ins Lager der Täter oder ins Lager der Opfer zu ziehen. Der Sog ins Opferlager war begreiflicherweise weit stärker: Die Leiden, die die Opfervölker hatten erdulden müssen, waren ja vorbei; jetzt ging es um die Verteilung von Schuld und Scham an die Täter. Über lange Zeit blieben die Zuordnungsversuche für Nachkriegsösterreich ein rein diplomatisches Geschehen, das mit der öffentlichen Meinung nichts zu tun hatte. Die Politiker, die aus dem Exil, dem KZ oder der »inneren Emigration« zurückgekommen waren, bemühten sich über die Parteigrenzen hinweg, für das österreichische Volk die Opferrolle zu reklamieren. Ihr wichtigstes Pfand war die »Moskauer Deklaration«, welche die – damals erst drei – Alliierten USA, UdSSR und Großbritannien am 1. November 1943 veröffentlicht hatten. Darin erklärten sie sich als »einer Meinung, daß

Österreich als das erste freie Land, das der typischen Angriffspolitik Hitlers zum Opfer fallen sollte, von deutscher Herrschaft befreit werden soll«. Die Erklärung verlangt in erster Linie die Wiederherstellung des selbständigen Österreich. Der Anschluß von 1938 galt als »null und nichtig«.

So eine Erklärung war 1943 nicht selbstverständlich, denn manche hätten sich Österreich damals auch als Teil eines demokratischen Deutschland vorstellen können, wie es zum Beispiel den Sozialdemokraten der Vorkriegszeit immer vorgeschwebt hatte. Das war nun vorbei, die Wiedererrichtung Österreichs war mit der alliierten Erklärung ein klares Kriegsziel. So kam es 1945. Die Deklaration blieb aber auch später wichtig, weil Österreich mit ihr als Hitlers »erstes Opfer« bezeichnet wurde, wie der Text meist zitiert wurde. Als »erstes Opfer« mußte Österreich keine Reparationen zahlen und durfte auf eine milde Behandlung hoffen. Es konnte sich sogar als Siegermacht fühlen und seinerseits indirekt Reparationen von Deutschland verlangen.[2] Für kurze Zeit erhob wenigstens das Land Salzburg gegen Deutschland auch eine Territorialforderung – Landeshauptmann Josef Rehrl wollte das Berchtesgadener Land haben, das sich mit dem Obersalzberg und den zahlreichen Hinterlassenschaften von Hitlers architektonischer Phantasie in Österreich gut gemacht hätte.[3] An so weitgehende Konsequenzen ihres Urteils hatten die Alliierten 1943 aber sicher nicht gedacht. Sie schrieben in ihre Deklaration nämlich auch, daß Österreich »durch die Teilnahme am Kriege an der Seite Hitler-Deutschlands eine Verantwortung trägt, der es nicht entrinnen kann«, und daß man darauf achten werde, »wieviel es selbst zu seiner Befreiung beiträgt«.[4]

Ganz Deutschland war über Österreichs Haltung nach dem Kriege empört. Mein Schwiegervater, der als kriegsgefangener deutscher Offizier bis 1950 in sowjetischen Lagern leben mußte, erinnert sich noch heute mit Ingrimm an seine österreichischen Kameraden, die gerade eben noch deutsch und vielleicht sogar besonders deutsch gewesen waren, aber nun zur Lagerleitung gingen und sagten: »Ich nix deutsch, ich Austria!« Westdeutschlands erster Kanzler, der Kölner Konrad

Adenauer, wurde mit dem Satz zitiert: »Wenn die von uns Geld wollen, schick' ich denen dem Hitler seine Jebeine!«[5] Die Opfertheorie galt den Deutschen als ein schäbiger Versuch, sich aus der Verantwortung für die Nazizeit davonzustehlen, und zwar allen, den Nazis wie den Anti-Nazis: denen, die wirklich Scham empfanden, und denen, die sich nur über die Besatzung und die Entnazifizierung ärgerten. Noch heute sind viele Deutsche überzeugt, daß die Österreicher genau solche und noch ärgere Nazis gewesen seien als ihre eigenen Eltern und Großeltern.

Haben sie damit recht? Über die Ereignisgeschichte des Anschlusses sind die Historiker sich immerhin einig. Der damalige österreichische Bundeskanzler Kurt v. Schuschnigg wurde von Hitler bei seinem Besuch auf dem Obersalzberg am 12. Februar 1938 massiv unter Druck gesetzt, die in Österreich verbotene NSDAP zu legalisieren und in die Regierung aufzunehmen. Schuschnigg gehorchte, versuchte die bittere Konsequenz aber abzuwenden. Am 9. März kündigte er für vier Tage später eine Volksbefragung »für ein freies und deutsches, unabhängiges und soziales, für ein christliches und einiges Österreich« an, um die Eigenstaatlichkeit und die Macht seiner christlich-sozialen Partei zu retten. Hitler war wütend.

Zwei Tage später stellte Berlin den Österreichern ein Ultimatum: Entweder der Nazi Artur Seyss-Inquart wird österreichischer Bundeskanzler, oder die Wehrmacht marschiert ein. Schuschnigg trat zurück, Seyss-Inquart wurde tatsächlich Bundeskanzler und rief als erste Amtshandlung deutsche Truppen ins Land. Am anderen Tag überschritt morgens um 5.30 Uhr die Wehrmacht die Grenze, am Nachmittag traf ein umjubelter Hitler in seiner Geburtsstadt Braunau ein. Einen weiteren Tag später, am 13. März 1938, vollzog der NS-beherrschte Ministerrat in Wien die »Wiedervereinigung Österreichs mit dem Deutschen Reich«.[6]

Kein Zweifel also: Die Republik Österreich mit ihrer »christlich-sozialen« Regierung wurde genötigt. Zehntausende Österreicher aber, so zeigte es damals die Wochenschau, standen jubelnd und schier außer sich vor Glück am Straßenrand und überschütteten den Aggressor mit Blumen. Mußten die Österreicher in ihrer Mehrheit auch, wie ihre Regierung, genötigt werden, oder hatten sie vielmehr den »Anschluß« herbeigesehnt?

Über diese Frage wird zwischen Deutschen und Österreichern, aber auch unter Österreichern seit Jahrzehnten gestritten. Die Behauptung der einen, die Österreicher seien von Hitler vergewaltigt worden, parieren die anderen mit der Kundgebung auf dem Wiener Heldenplatz zwei Tage nach dem Anschluß, auf der die Massen sich vor Begeisterung für den »Führer« nicht halten konnten. Während die eine Seite die mageren drei Prozent ins Feld führt, die die Nationalsozialisten bei den letzten freien Nationalratswahlen 1930 bekommen hatten, verweist die andere auf die späteren Landtagswahlen, bei denen die österreichischen Nazis zu den deutschen aufschlossen und bis zu 25 Prozent einfuhren. Wie viele illegale NSDAP-Mitglieder es 1938 in Österreich gab, ist unbekannt; die Zahl soll bei etwa 90 000 bis 100 000 gelegen haben. Unentschieden ist auch die Schlacht um die Geschichte der Volksabstimmungen: Das von Schuschnigg geplante Referendum, bei dem die Österreicher für die Unabhängigkeit hätten stimmen sollen, wurde durch den Einmarsch der Wehrmacht verhindert – für die Anhänger der Opfertheorie ein indirekter Beweis, daß die Volksabstimmung für die »deutsche Sache« in Österreich wohl nicht gut ausgegangen wäre.

Als die Nazis am 10. April 1938 dann ihrerseits die Deutschen, Österreicher eingeschlossen, zur Bestätigung der »Wiedervereinigung« an die Urnen holten, erreichte die Zustimmung in Österreich 99,75 Prozent und war damit sogar noch höher als im »Altreich«, wo ebenfalls abgestimmt wurde. In der »Ostmark«, wie das untergegangene Land zunächst hieß, wurden nur 11 260 Nein-Stimmen gezählt. Allerdings waren etwa acht Prozent der früher Wahlberechtigten von der Teilnahme ausgeschlossen, weil sie jüdischer Abstammung oder politisch mißliebig waren.[7] Die Anhänger der Opfertheorie pflegen gegen dieses erdrückende Votum drei nicht minder verblüffende Zahlen zu stellen: In den drei abgelegenen Tiroler Bergdörfern Obtarrenz, Pfafflar und Innervillgraten hatte man den »Anschluß« nicht mitbekommen und führte die noch von Schuschnigg angesetzte Volksabstimmung »für ein unabhängiges Österreich« durch, als wenn unterdessen nichts geschehen wäre. Im osttirolischen Innervillgraten stimmten 95 Prozent, in den beiden anderen Dörfern sogar 100 Prozent für das selbständige Österreich – was die treuen Tiroler dann vier Wochen später nicht hinderte, zu ebenfalls 100 Prozent für den »Anschluß« zu stimmen.[8]

Eine große Rolle in den Zahlenschlachten spielen auch die NSDAP-Mitglieder. Nach dem Wiener NS-Forscher Walter Manoschek lag der Organisationsgrad der NSDAP in den »Donau- und Alpengauen«, auf dem Boden des früheren Österreich also, mit ungefähr elf Prozent etwas höher als im »Altreich«.[9] Die Österreich-Verteidigerin Holzer läßt die Suggestion dieser Zahlen nicht gelten und führt Gestapo-Berichte an, nach denen schon im Juni 1938 nur 30 Prozent der Österreicher dem Nationalsozialismus »innerlich« anhingen, während 35 bis 40 Prozent versteckte Gegner gewesen seien.[10]

Wie man auch zählt und rechnet, diese frivole Auseinandersetzung endet immer unentschieden. Den Deutschen jener Jahre wird ja zu Recht nicht nur die Produktion und Reproduktion der verderblichen NS-Ideologie angerechnet. Die Krankheit der ganzen deutschen Gesellschaft, der Makel ihrer Kultur lag vielmehr in der Tatsache, daß trotz Kant und Fichte, Goethe und Schiller, trotz katholischer Volksfrömmigkeit und reformatorischen Widerspruchsgeistes fast alle wegsahen, als die Juden und die politischen Gegner des Regimes »verschwanden«. Schöne Gedanken gab es, aber keine Zivilcourage, man war fähig zu ziselierten moralischen Erörterungen, aber nicht zu spontanen Kundgebungen einfacher Menschlichkeit. Was auch immer die Österreicher »innerlich« gedacht haben mögen: Verhalten haben sie sich nicht anders als die Deutschen. Jeder zehnte Wiener konnte durch »Arisierung« seine persönliche Wohnsituation verbessern.[11] Ob der überzeugte Nazi jener Jahre mehr zu verurteilen ist als der Opportunist, der aus der Herrschaft des Verbrechens seinen Nutzen zog, gleicht der Wahl zwischen dem fanatischen Goebbels und dem raffgierigen Göring. Die Nazis und die nazifreundlichen Regime in Europa – in Italien, auch in Ungarn und sogar in Bulgarien, das gar keine demokratische Tradition hatte – mußten anderswo auf eine Bevölkerung Rücksicht nehmen, die das Ausliefern ihrer Nachbarn zur Vergasung für verbrecherisch hielt und manchmal sabotierte. In Deutschland wie in Österreich war das nicht nötig. Eine Partisanenbewegung hat es in Österreich bis zum Kriegsende nicht gegeben – nicht weil es keine tapferen Regimegegner gegeben hätte, sondern weil sie in der Allgemeinbevölkerung kein Umfeld fanden, das sie gedeckt und versorgt hätte. Der vereinzelte Widerstand konnte die Schande nicht aufwiegen. An diesem moralischen Versagen haben Deutsche und Österreicher gleichen Anteil, und beide haben Anlaß, die gleichen Lehren daraus zu ziehen.

Zu den Deutschen, die nach 1945 kollektiv zu bezahlen hatten, gehörten nicht nur die Reichsbürger des Jahres 1933, sondern auch die »Volksdeutschen« in Ungarn, Jugoslawien, Rumänien, Rußland und der Tschechoslowakei, die erst durch Hitlers Feldzüge »heim ins Reich« kamen und den Nationalsozialismus ebensowenig an die Macht gebracht hatten wie die Österreicher. Auch innerhalb Deutschlands gab es nach 1945 noch manche Versuche, die Schuld an der Katastrophe anderen zuzuschieben: Für die Rheinländer waren es »die Evangelischen im Osten« gewesen, für die Norddeutschen die »groben« und »rückständigen« Bayern, für diese wiederum »die Preußen« und für die Westfalen zum Beispiel »die Lipper«, die mehrheitlich 1932 für Hitler gestimmt hatten. Keiner dieser nachträglichen Distanzierungsversuche hielt stand. In Wirklichkeit hatten preußische Obrigkeitstreue, bayrischer Fanatismus und rheinische Prinzipienlosigkeit erst zusammen das Verhängnis herbeigeführt.

Die »Opfertheorie« ist in Österreich schon tausende Male verworfen und als »Lebenslüge« gegeißelt worden, und zwar besonders oft nach dem Fall Kurt Waldheim: 1986 geriet der damalige ÖVP-Kandidat für das Amt des Bundespräsidenten in Verdacht, an der Balkanfront an Geiselerschießungen teilgenommen zu haben. Zum erstenmal führte das Land eine offene Debatte über seine Vergangenheit zur NS-Zeit. Sie gipfelte 1991 in einer Erklärung des damaligen Bundeskanzlers

Franz Vranitzky, Österreich treffe eine Mitschuld an den Naziverbrechen: »Wir bekennen uns zu allen Daten unserer Geschichte und zu allen Taten aller Teile unseres Volkes, zu den guten wie zu den bösen; und so wie wir die guten für uns in Anspruch nehmen, haben wir uns für die bösen zu entschuldigen – bei den Überlebenden und bei den Nachkommen der Toten.« Mit diesen schlichten und klaren Worten war die Opfertheorie im allgemeinen Bewußtsein weitgehend erledigt – wenn auch nicht für die Regierung, die nebenher klarmachte, daß aus dem Bekenntnis des Kanzlers keine Wiedergutmachungsansprüche abgeleitet werden könnten. Daß sich das Geschichtsverständnis der Öffentlichkeit aber radikal geändert hat, machte im Herbst 2000 ein kleiner politischer Vorfall klar: Bundeskanzler Wolfgang Schüssel hatte im Interview mit der »Jerusalem Post« gesagt, Österreich sei das »erste Opfer« Hitlerdeutschlands gewesen – also nur wiederholt, was seine Partei seit mehr als fünfzig Jahren stets beteuert hat. Die Opposition reagierte scharf. Schüssel sei wohl schon der »Verhaiderung« anheimgefallen, erklärte die Generalsekretärin der SPÖ. Dabei war es früher gerade das Haider-Lager gewesen, das die Opfertheorie verworfen hatte.

Die Opfertheorie ist zwar heute fast vergessen, sie hat aber bei allen heute erwachsenen Österreichern nachweisbare Spuren hinterlassen. Streitigkeiten über die Vergangenheit mögen in Deutschland und Österreich oft mit den gleichen Vokabeln geführt werden, der Gefühlshintergrund ist jedoch ein ganz anderer.

Rührte noch vor zehn oder zwanzig Jahren in Deutschland jemand die Erinnerung an die Nazizeit auf und verließ dabei den sicheren Port der Formeln, so mußte er mit aggressiven Reaktionen rechnen – zum Beispiel wenn er die braune Vergangenheit eines vielleicht mit einem Straßennamen honorierten »großen Sohnes der Stadt« enthüllte oder die Ehrenbürgerschaft Adolf Hitlers aus dem Archiv hervorkramte. Es kam zu einem typischen, immer wiederkehrenden Frontverlauf: Auf der einen Seite standen die Jüngeren, Nachgeborenen, die die Verbrechen des Nationalsozialismus für die schlimmsten der Geschichte hielten, auf der anderen Seite Ältere, die alles »aus der Zeit heraus verstehen« wollten und durch Verhalten und Wortwahl klarmachten, daß sie das Geschehene jedenfalls für nicht ganz so schlimm hielten.

In Österreich kann man mit Erinnerung an die Nazizeit noch immer provozieren. Allerdings ist bei den dann entstehenden Konflikten der Frontverlauf ein ganz anderer als in Deutschland: Zwar stehen auch in Österreich auf der einen Seite Jüngere, die mit Zorn und Scham an das »Dritte Reich« denken, und auf der anderen einige inzwischen sehr Alte, die sich persönlich angegriffen fühlen. Aber zum weitaus größten Teil besteht der Abwehrblock aus Menschen mit einem Geschichtsbild, das es in Deutschland gar nicht gibt. Diese Leute äußern zwar, wenn man sie fragt, auch bereitwillig die Meinung, daß es in der Geschichte nichts Schlimmeres gab als den Holocaust. Aber sie meinen zugleich, das gehe sie im Grunde nichts an. Zum Lager derer, die Schuldeingeständnisse und überhaupt allzuviel Auseinandersetzung mit dem Nationalsozialismus ablehnen, gehören nicht nur die alten und neuen Nazis, die Geschichtsrevisionisten und Relativierer, sondern viele Christ- und Sozialdemokraten, die mit der Nazi-Ideologie nichts im Sinn haben. Manche von ihnen halten nationale Selbstkritik nicht nur für überflüssig, sondern sogar für schädlich: als eine neue, besonders perfide Form von geistigem »Anschluß«. Die Deutschen sind es, die Selbstkritik üben sollen, nicht die Österreicher, und wer beide Völker in der Erinnerung vermischt, betreibt dasselbe Geschäft wie vor sechzig oder siebzig Jahren die Nazis. Aus dieser Perspektive, die Deutschen meistens nur schwer in den Kopf will, stehen die alten Faschisten und die bekenntnisfreudigen Antifaschisten eng beieinander. Beide sind nämlich anti-österreichisch.[12]

So absurd, wie sie auf den ersten Blick aussieht, ist die These nicht. Sie hat mit den »Lagern« zu tun, die die politische Geschichte des Landes prägen. Die Nazi-Vergangenheit ist in Österreich, sofern sie nicht völlig vergessen oder einfach über die Salzach nach Deutschland expediert wird, bestenfalls Familiengeschichte. Wenn Georg Wurmitzer, der langjährige Bürgermeister der oberkärntner Gemeinde Sirmitz, vor seinem hoch gelegenen Rathaus steht und über die Dächer seines Dor-

Konfliktfeld NS-Zeit: Thomas Bernhards Stück »Heldenplatz« am Wiener Burgtheater provozierte konservative Bürger, die sich laut empörten; das Mahnmal am Ort der ehemaligen Gestapo-Zentrale wurde im März 1988 mit Hakenkreuzen beschmiert.

fes blickt, kann er ganz genau sagen: »Das ist ein rotes Haus (SPÖ), das ist ein schwarzes (ÖVP), das ein blaues (FPÖ).« Man kennt voneinander vielleicht nicht die aktuelle Meinung zu dieser oder jener Frage, aber doch die Denktradition, weiß, wie und worüber mit Eltern und Großeltern gesprochen wurde. Jeder gehört hier irgendwo hin. Als das Wechselwählertum noch nicht in Mode war, wurden in städtisch geprägten Ländern die politischen Traditionen über Milieus fortgetragen: Es gab einen Arbeiter- und einen katholischen Fußballverein, zwei verschiedene Autoclubs – ein Phänomen, das in den Niederlanden als »verzuiling« (Versäulung) bekannt wurde. In Österreich gab es das auch; es hielt sich, wie alles, sogar länger als in Westeuropa. Aber im ländlichen Raum, der die politische Kultur des Landes entscheidend mitgeprägt hat, funktionierte die »Versäulung« nie richtig: Die Dörfer waren einfach zu klein für zwei Fußballvereine. Drei Vorarlberger Historiker haben das am Beispiel des Bodensee-Dorfes Hard eindringlich erläutert. Dort hatte der Pfarrer vergeblich versucht, die Musikkapelle von den gottlosen Sozialisten fernzuhalten – für zwei Ensembles reichte das musikalische Potential von Hard nicht aus. Später stand dann der Sozialistenführer dem freiheitlichen Turnverein vor.[13]

Wo es keine politisch gefärbten Großmilieus gab, blieben als Hüter der Tradition nur die Familien, die »Häuser«. 1945 war das für viele praktisch: Auch wer braun gewesen war, entsann sich gern der »roten« oder »schwarzen« Familientradition und knüpfte damit an eine irgendwie »antifaschistische« Haltung an. Nur die Angehörigen des sogenannten Dritten Lagers konnten das nicht: Wer aus einer liberalen, deutschnationalen Familie kam, mußte sich mit der nationalsozialistischen Vergangenheit in Verbindung bringen lassen – ganz egal, wie er selbst zu den Verbrechen stand. In Deutschland war – spätestens seit dem Warschauer Kniefall des Widerstandskämpfers Willy Brandt – die ganze Bevölkerung durch die gemeinsam empfundene Verantwortung für den Holocaust geeint. Gespalten blieb sie durch den Umgang mit dieser Verantwortung. Bei den einen drückte sich dasselbe Phänomen durch Scham und den Willen zur »Bewältigung« aus, bei anderen durch Verharmlosung und Flucht in einen manischen Wiederaufbau, bei wieder anderen durch aktive Leugnung der Verbrechen. In Österreich empfand die gemeinsame Verantwortung überhaupt nur ein kleiner Teil der Bevölkerung – diejenigen, die ins »Dritte Lager« gehörten. Unter ihnen wiederum waren, im Vergleich zu Deutschland, die Verharmloser und Leugner deutlich überrepräsentiert. Auch das läßt sich erklären: Die Nachgeborenen des »Dritten Lagers« in Österreich standen mit dem Rücken an der Wand und hatten das Gefühl, sie müßten sich verteidigen. Milieus müssen sich irgendwann wohl oder übel mit ihrer Geschichte auseinandersetzen – zum Beispiel wenn ein junges Mitglied merkt, daß in der Vereinschronik etliche Seiten fehlen. Familien müssen das nicht. Jörg Haider stammt aus einem solchen Hause: Sein Vater war illegaler Nationalsozialist und nahm 1934 am Putsch gegen die österreichische Regierung teil, die Mutter war hochrangige »Mädelführerin«. Haiders Schwester Ursula Haubner hat einmal von Debatten im Familienkreise berichtet, bei denen sie selbst ihren Eltern Vorwürfe machte für ihre Haltung, bei denen ihr Bruder Jörg es aber vorzog zu schweigen. Auch Haubner ist heute FPÖ-Politikerin. Faschisten und Antifaschisten, Rechtspopulisten und Liberale in Österreich haben gegenüber Roten und Schwarzen gemeinsam, daß sie das Erbe des Nationalsozialismus spüren, statt es einfach auszuschlagen.

Österreich wurde 1938 zum Entsetzen seiner Bürger von einem feindlichen Nachbarland überfallen, nur eine kleine »fünfte Kolonne« teilte die Abneigung gegen den Aggressor nicht: Mit diesem Geschichtsbild wuchs das ganze heute erwachsene Österreich auf. Noch in Schulbüchern aus der Mitte der achtziger Jahre ist der Nationalsozialismus ein ausschließlich deutsches Phänomen. Die Autoren würden das bei direkter Nachfrage zwar kaum bestätigen, es rutscht ihnen aber immer wieder in die Feder. Im Lehrbuch für vierzehnjährige Gymnasiasten heißt das entsprechende Kapitel: »Ein Bürgerkrieg ebnet dem Hitlerfaschismus den Weg nach Österreich«[14] – das Unheil kommt von außen, die Österreicher machen nur den Fehler, dem Feinde vor den Toren der Stadt nicht einig genug zu widerstehen. Die österreichische NSDAP wird in dem sonst sehr detaillierten Werk erst anläßlich ihres Verbots überhaupt erwähnt. Über den Herbst 1933, als die Regierung Dollfuß die Todesstrafe wieder einführte, heißt es: »Die Nationalsozialisten antworteten mit einer verstärkten Terrorwelle in Österreich.« »Die Nationalsozialisten« handeln »in Österreich« wie auf einem leeren Schauplatz – die Schüler sollen glauben, da schalte allein ein auswärtiges Zentrum. »Viele Nationalsozialisten agierten in Österreich illegal und führten Terroraktionen durch Bombenanschläge auf öffentliches Gut durch« – eingeschleuste Grenzgänger offenbar, die zwar auf unserem Territorium agieren, hier aber nicht hingehören. Namen haben österreichische Nationalsozialisten keine, nur Seyss-Inquarts Erwähnung läßt sich bei der Schilderung des Anschlusses nicht vermeiden. Über die Jubelszenen beim deutschen Einmarsch heißt es im Schulbuch: »Tausende neugierige Österreicher säumten die Straßen. Viele begrüßten die Einmarschierenden freudig mit Hoch- und Heilrufen. Tausende Österreicher, die dem Naziregime verdächtig waren, werden zur gleichen Stunde verhaftet.« Gejubelt »wurde«, verhaftet »wird«; die »Tausende« sollen die Jubler und Widerständler in Parität bringen und vernebeln die Zehnerpotenzen, die zwischen beiden Gruppen liegen. Die suggestive Geschichtsdarstellung hat ihren Eindruck nicht verfehlt. Als 1994 ein damals unbekannter Täter zum erstenmal Briefbomben an »Ausländerfreunde« verschickte, fragten Presse, Rundfunk und Fernsehen reflexartig und tagelang nach den »Hintermännern« in Deutschland, obwohl es für deren Existenz gar keinen Anhaltspunkt gab. Ein Reporter verstieg sich in einem Livebericht zu Zweifeln, »ob ein Österreicher solche komplizierten Bomben überhaupt herstellen« könne – lieber blöd als braun.

In der unmittelbaren Nachkriegszeit, als die Politiker noch keine Rücksicht auf den Fremdenverkehr nehmen mußten, ließen sie manchmal ihren Emotionen gegen die Nachbarn freien Lauf. So schimpfte 1945 Karl Gruber, damals Landeshauptmann von Tirol und später Außenminister, in öffentlicher Rede über die »Arroganz und Präpotenz, mit der der

Durchschnittsdeutsche auf den ›schlappen Österreicher‹ herabsah und sich in jede seiner Angelegenheiten mischte«. »Nur schwer und voll Ingrimm« habe der Österreicher »durch lange Jahre die Besserwisserei und die Einmischungssucht der Preußen ertragen«.[15]

Von den knapp 345 000 »Reichsdeutschen«, die 1945 auf dem Gebiet Österreichs gelebt hatten, waren zehn Jahre später 94 Prozent wieder weg. Manche von ihnen mögen den Einheimischen auf die Nerven gegangen sein. Aber beherrscht wurde Österreich auch zwischen 1938 und 1945 von Österreichern, und das Ressentiment gegen die Preußen konnte der nachgeholte Antifaschismus nicht gut für sich in Anspruch nehmen. Auf diesem Klavier hatten nämlich auch die Nazis gespielt. Das Böseste, das ein Österreicher über »den Deutschen« zu Papier gebracht hat, stand in der Wiener Ausgabe des »Völkischen Beobachters« – in einem Artikel, der nach den bekannten Regeln der Sklavensprache das Klischee, das er angeblich anprangern wollte, erst einmal ausführlich und genüßlich reproduzierte. Dort schrieb ein Leo Schödl von einem »Menschen mit Schweinsgesicht, der ständig ißt und gleichzeitig auf die hiesige Küche schimpft«. Der Text würde heute nicht mehr gedruckt, wohl aber schmunzelnd abgenickt: »Stark ausgeprägt ist sein Sinn für Organisation, der es ihm gestattet, die einfachsten Dinge kompliziert zu gestalten, wohingegen er alle Höflichkeitsformen wie ›Bitte‹ und ›Danke‹ oder gar ›Bittschön‹ als unsoldatisch, servil und wienerischbarock vertrottelt ablehnt, weshalb er sich als Grußform lediglich des Wörtchens ›Tach‹ bedient, in einem Ton und in einer Form, mit der er uns ebensogut zur Begrüßung einen Tritt in den Bauch geben könnte.«[16]

Komisch auch: Wer durch das Land fährt, entdeckt noch heute, ähnlich wie in Frankreich, in fast jedem Dorf ein sorgfältig geschmücktes Kriegerdenkmal, gern mit neugotischem Flechtwerk, Eichenlaub oder Lorbeer. In ganz Österreich gibt es an die 5 000 davon, pro Gemeinde zwei.[17] Dort steht dann, meist in gotischer Schrift: »Unseren Helden« oder: »Sie starben für das Vaterland« oder »für Volk und Heimat«. Die Denkmäler widersprechen »ganz eindeutig und unversöhnlich der ›Philosophie‹ der [seit 1945 so genannten] Zweiten Republik: Nichts von der Befreiung Österreichs durch die Alliierten und durch den österreichischen Widerstand, nichts von der Besetzung Österreichs durch Deutschland«,[18] wie der Innsbrucker Politologe Anton Pelinka 1991 entdeckte. Die meisten dieser Denkmäler stammen aus den Jahren nach dem Ersten Weltkrieg. Zu den Namen der Gefallenen von 14/18 wurde dann später eine zweite Tafel mit den Namen der Toten des Zweiten Weltkriegs aufgestellt. Niemand fragt, wie einer für sein Vaterland Österreich sterben konnte, der für eine Armee kämpfen mußte, die sein Vaterland ja gerade liquidiert hatte. Die Opfertheorie ging an der Erinnerung der Österreicher offenbar so weit vorbei, daß sie nie wirklich geglaubt wurde. In den Familien, aber auch in der kleinräumigen Öffentlichkeit der Dörfer und der Täler, ja selbst auf der Ebene der ganzen Republik entwickelten sich Gedenktraditionen, die zu der offiziellen Haltung Österreichs zur Nazizeit in krassem Widerspruch stehen. In unserem Dorf zum Beispiel steht ein besonders häßliches Kriegerdenkmal aus der Zeit nach dem Zweiten Weltkrieg. Dort wird »unserer Helden« gedacht, die an der Eismeerfront, in Stalingrad, am Isonzo und in der Normandie »für die Heimat« gestorben sein sollen. In Deutschland dagegen, wo ja der kriegführende Staat in beiden Weltkriegen derselbe war, wurde gleich nach dem Krieg weit vorsichtiger mit solchen schmückenden Formulierungen umgegangen. Zwar gibt es auch in Deutschland keine Vorschriften für die Gestaltung von Kriegerdenkmälern. Üblich sind aber Ehrentafeln »für die Opfer von Krieg und Gewaltherrschaft«. Wenn alte Denkmäler erweitert wurden, kamen Formulierungen zustande wie in Xanten am Niederrhein: »Den Helden« für den Ersten, »Den Opfern« für den Zweiten Weltkrieg.

Anders als in Deutschland, wo das nach der historischen Kontinuität doch näherläge, gibt es in Österreich einen ungebrochenen Kriegsveteranenkult. Der »Österreichische Kameradschaftsbund« (ÖKB) hat 250000 Mitglieder, neun Landesverbände und über 1800 Bezirks- und Ortsgruppen. 70 Prozent der Kameraden gehören nach eigenen Angaben des

Bundes der Nachkriegsgeneration an. Der ÖKB ist eine der Säulen der Gesellschaft, gehört nach seinen Angaben fest zum »gesellschaftlichen«, sprich: geselligen, Leben der Gemeinden und ist streng überparteilich. In seinen lokalen Vorständen sind Sozialdemokraten ebenso vertreten wie Volksparteiler oder »Freiheitliche«. In dörflichen Gemeinden veranstaltet der ÖKB genauso alljährlich seinen »Ball«, wie das auch der Sportverein, die Freiwillige Feuerwehr und die großen Parteien tun – mit gesellschaftlicher Anwesenheitspflicht für alle Honoratioren. Trotzdem versteht sich der Bund, der sich das beziehungsreiche Eiserne Kreuz zum Emblem gewählt hat, als »Gesinnungsgemeinschaft«. Deren Werte sind, vorsichtig abgezirkelt, »Ehre, Treue, Menschenachtung, Toleranz, Vaterlands- und Heimatliebe«. Verbandsziel ist die »Förderung des traditionellen österreichischen Vaterlands- und Heimatgedankens«, offenbar unabhängig davon, wie dieses Vaterland gerade heißt. In Pischelsdorf ehrt eine Tafel bei der Kirche den langjährigen Ortsobmann des Kameradschaftsbundes, der von 1930 bis 1960 unter vier verschiedenen Regimen amtiert und der Nachwelt das »Heldenmal« sowie die »Heldenglocke« hinterlassen hat. Was für eine Kontinuität da herrscht, erkennt man schon beim ersten Blick in die Verbandszeitschrift »Der Kamerad«, wo man von der »Holocaust-Strategie Großbritanniens gegenüber der deutschen Zivilbevölkerung« oder »gewissen Kreisen in Israel« lesen kann, einer antisemitischen Chiffre, und erfährt, daß es im Zweiten Weltkrieg »um die nackte Existenz von Volk und Reich ging«. Dabei ist der ÖKB weder nach eigenem Verständnis noch in den Augen der meisten Österreicher »rechts« oder gar »rechtsextrem«. Nach der klassischen österreichischen Politikauffassung sind die alten Kameraden vielmehr für das Andenken an die Kriegszeit »zuständig« – so wie die Wirtschafts- und Arbeiterkammer für die Sozialpolitik oder unsere Elterninitiative für die Sicherung des Schulwegs.

Den schlüssigsten Beweis dafür, daß die nationale Opfertheorie nie geglaubt wurde, bieten die lebendigen Erinnerungen der Weltkriegsteilnehmer und ihrer Kinder, die – genau wie ihre Altersgenossen in Deutschland – auf verdrucksteste

Traditionspflege: Das österreichische Bundesheer präsentiert sich in der Öffentlichkeit vornehmlich mit seiner Militärkapelle; Blasmusik kommt stets gut an, auch auf den Volksfesten in der Steiermark.

Schweigen stießen, wenn sie erfahren wollten, wer damals wie, warum und wofür gekämpft hatte. »Man hörte von Geschichten über die Russen oder über die Nazis und oft den Satz, daß es *so etwas bei Hitler nicht gegeben hätte*«,[19] schreibt in seinen Erinnerungen an die Nachkriegszeit der 1948 geborene Christian Wabl, einer der raren »Achtundsechziger« in Österreich. »Immer wieder tauchte der *Gröfaz* in irgendwelchen Bemerkungen unerwartet auf«, der zur Nazizeit so genannte »Größte Feldherr aller Zeiten«, oder man fragte: *»was ist da los, was wird da g'spült, im ganzen Haus ka Hitlerbüld?«* Auch von der Anklagehaltung der Nachkriegskinder erzählt Wabl, und er erklärt sie mit Worten, die auch ein Deutscher seiner Generation hätte finden können: »Die Nachkriegskinder hätten Verständnis zeigen können, wenn man ihnen etwas verständlich gemacht hätte.« Rar an Wabl ist, daß er seine Erinnerungen an die Nachkriegsjahre reflektiert und zu Papier gebracht hat, die Erfahrungen selber dagegen teilt er mit einer ganzen Generation. Offenbar wurde in Nachkriegsösterreich genauso und mit den gleichen Worten verdrängt wie in Nachkriegsdeutschland. Die berühmte Ausstellung über die Verbrechen der Wehrmacht, die überall jahrzehntelang Verdrängtes an den Tag brachte, löste an ihren österreichischen Standorten ähnlich beleidigte Reaktionen ehemaliger Kriegsteilnehmer aus wie in Deutschland.[20] Eine rätselhafte Erscheinung: Irgendwie bestand Österreich trotz seiner Opferrolle darauf, partout auch noch ein schlechtes Gewissen haben zu wollen.

Lügt Österreich also ganz schlicht und einfach, wenn es um die Nazizeit geht, wie manche, vor allem deutsche Kritiker der Opfertheorie behaupten? Oder verkauft sich Österreich wenigstens nach außen als Opfer und gesteht es nach innen augenzwinkernd ein, daß alles gar nicht wahr ist? Die These vom lügenden Österreich, die häufig von Deutschen der älteren Generation vertreten wird, gehört unter die Verschwörungstheorien, mit denen man es sich gern einfach macht. Länder haben kein Auge, mit dem sie zwinkern könnten, und sie können auch nicht lügen. Die These riecht nach Paranoia, wie sie den ersten Österreich-Urlaubern nach dem Kriege wahrscheinlich zu eigen war. Rotten sich nicht auch die Kellner, die sich vor Freundlichkeit gar nicht lassen können, nachher in der Küche zusammen und spotten über die Gäste?

Die Österreicher müssen gar nicht lügen, um die Opfertheorie und ihr schlechtes Gewissen in ihren Köpfen zusammenzubringen. Um das zu verstehen, muß man sich nur erinnern, daß »Österreich« von Natur aus zunächst keine Nation, keine Abstammungs- oder Schicksalsgemeinschaft war, auch kein historisch festumrissener Staat, sondern über Jahrhunderte ein Hof. Nationen handeln, bilden Staaten und bekommen so über die Jahrhunderte ein Gesicht. Höfe dagegen können Günstlinge, Söldner, Künstler oder Reformer anziehen und wieder verstoßen, Gedanken nachhängen und sie wieder vergessen, Territorien erobern, erheiraten und wieder verlieren und bleiben doch immer, was sie sind. Die Kamarilla wechselt, der geliebte Kaiser stirbt oder wird sogar mit allen seinen Abkömmlingen auf ewig ins Exil geschickt, aber die gottgegebene Institution der Obrigkeit bleibt. Von 1938 bis 1945 herrschte, wo einst der Hof war, ein Interregnum. Das »Volk« ist in Österreich keine Nation, sondern der dialektische Widerpart des Hofes. Es hat keine Eigenschaften. Es ist dem Hofe zum Beispiel ganz gleich, ob das Volk deutsch, ungarisch oder slowenisch spricht. Auch dem Kaiser Franz Joseph war es schließlich egal, in welcher Sprache seine Untertanen den Mund hielten. »Österreich« und »das Volk« sind immer zweierlei.

Für den deutschen Nationalismus dagegen ist das »Volk« bis heute eine Abstammungsgemeinschaft. Zugehörigkeit zur Nation wird als eine Art erweitertes Blutsband verstanden, wie die Zugehörigkeit zu einer Familie – ein Mythos zwar, aber eben einer, wie er Nationen erst schafft. Bezeichnend ist, wie die beiden so asymmetrischen Nationen nach dem Zweiten Weltkrieg mit den deutschsprachigen Minderheiten in Osteuropa umgingen. Die Bundesrepublik Deutschland, aber auch die DDR, bürgerten die vertriebenen »Volksdeutschen« anstandslos ein. Anders Österreich: Deutschsprachige aus ehemaligen Ländern der Monarchie, die nach dem Zweiten Weltkrieg in Österreich landeten, blieben fast zehn Jahre lang staatenlos und hatten erst dann die Chance, Österreicher zu werden.[21] Der erste Nachkriegspräsident Karl Renner (SPÖ) begründete seine Ablehnung, die Deutschen der Tschechoslowakei aufzunehmen, die doch bis 1918 österreichische Untertanen gewesen waren, so: »Optiert haben alle deutschsprechenden Menschen der Tschechoslowakei für Deutschland, daher sollten alle diese Leute nach Deutschland gehen und nicht nach Österreich.«[22] Nur ein Hof kann die literarische Tradition der Prager Deutschen für sich reklamieren und gleichzeitig den politischen Radikalismus der Sudetendeutschen für fremd erklären. Eine Nation, die sich für eine Abstammungsgemeinschaft hält, kann das nicht: Mit »Brüdern und Schwestern« bleibt man immer verwandt, egal ob sie feine Lyrik schreiben oder marodierend durch die Straßen ziehen.

Daß die FPÖ im Februar 2000 Regierungspartei wurde, hat Österreich über sieben Monate diplomatische Sanktionen durch die anderen EU-Staaten eingetragen. Die Partei hatte ihren steilen Aufstieg über vierzehn Jahre unter anderem ausländerfeindlichen Kampagnen und einem frivolen Verhältnis zum Nationalsozialismus zu verdanken. Die meisten Österreicher, auch wenn sie weder die FPÖ noch deren Koalitionspartner ÖVP gewählt hatten, reagierten auf die Sanktionen empört und verständnislos. Sie seien nicht ausländerfeindlich und schon gar keine Nazis, konnte man monatelang hören und lesen, und wenn es dergleichen häßliche Ideologien und Emotionen gebe, so seien sie gewiß nicht häufiger als anderswo, schon gar nicht als in Deutschland. Obwohl die Berliner Regierung sich in der Sanktionsfrage, anders als Frankreich oder Belgien, stark zurückhielt, traf ein Gutteil der bösen Reaktionen in Österreich die Deutschen. In Österreich brennten jedenfalls keine Asylantenheime, stand in jeder zweiten Kolumne, und nirgendwo machten betrunkene Skinheads Jagd auf Menschen mit anderer Hautfarbe. Als Land der Nazis und Fremdenfeinde dargestellt, hielten die Österreicher sich für die Opfer einer deutschen Projektion, gegen die sie sich mangels internationalen Gewichts nicht einmal wehren konnten. Österreich sei so »klein«, daß man es mit ihm ja machen könne. Im Rest Europas werde es ohnehin nur als Anhängsel Deutschlands wahrgenommen, und wenn nun auch noch dieses Deutschland sich gegen Österreich kehre, sei es gänzlich wehrlos. Wer als Ausländer die FPÖ in einem Atemzug mit der »Front national« in Frankreich oder den deutschen »Republikanern« nannte, mußte sich auch bei untadeligen Demokraten auf Verteidigungsreflexe gefaßt machen: Die FPÖ sei »nicht einmal halb so schlimm«. Selbst eingeschworene linke FPÖ-Gegner argumentierten, die EU-Sanktionen seien »pure Heuchelei«, da in anderen EU-Ländern genauso ausländerfeindlich gehetzt und regiert würde. Ist Österreich wirklich nazifreundlich und auffällig ausländerfeindlich? Wer hat recht? Die Österreicher oder der Rest der Europäischen Union?

Ähnlich wie Deutschland hat Österreich eine entwickelte rechtsextreme Szene aus Sekten und Verbänden, die fast alle ihre Blättchen herausgeben und inzwischen auch im Internet vertreten sind. Das Wiener »Dokumentationsarchiv des österreichischen Widerstands« kommt auf enorme 900 Organisationen und Publikationen, die es allerdings nicht alle als durchgehend rechtsextrem einstuft. Manche von ihnen sind lokale Zusammenschlüsse, andere überregionale, wenngleich sehr kleine Freundeskreise – vom »Volksbegehren gegen die Überfremdung Österreichs« über einen »Verein Haus der Heimat« bis zur »Kolbenheyer-Gesellschaft«. Manche, wie der »Bund heimattreuer Jugend«, arbeiten nach dem großdeutschen Prinzip in beiden Ländern, andere sind österreichische Spezialitäten – etwa die »Bürgerinitiative gegen Religionsverhöhnung, öffentliche Perversität und Steuergeldverschwendung«. Neben zahlreichen Spinnern gibt es in Österreich harte, politisch hochambitionierte Neonazis, deren Namen – Gerd Honsik, Gottfried Küssel oder Hans Jörg Schimanek jr. – in einschlägigen Kreisen auch in Deutschland bekannt sind. Eine »Nationaldemokratische Partei« (NDP) wurde 1988 verboten; ihr Vorsitzender Norbert Burger hatte 1980 für das Amt des Bundespräsidenten kandidiert und beachtliche 140 000 Stimmen bzw. 3,2 Prozent bekommen.[23] Vom lange Zeit verehrten Jörg Haider und seiner FPÖ hat sich die Szene großenteils wieder abgewandt.[24] Betrachtet man die Gruppen einzeln und zusammen, fallen zwischen Österreich und Deutschland nur wenige Unterschiede auf. Daß Österreich die Phantasie deutscher Rechtsextremer so stark beschäftigt, liegt auch daran, daß die kleine Republik ihnen zum »großdeutschen« Projekt fehlt.

Der große Unterschied zu Deutschland liegt in der Existenz einer großen Parlaments- und Regierungspartei, die weit nach rechts offen ist. Da sagt ein »freiheitliches« Gemeinderatsmitglied und Ex-Mitarbeiter des Neonazi-Blattes »Sieg«, man solle die »Ansichten von Wissenschaftlern, die sagen, in deutschen Konzentrationslagern wurden keine Juden vergast«, veröffentlichen, und wird dafür von der Parteiführung gedeckt.[25] Ein Oberösterreicher forderte, man dürfe nicht »die Polacken hereinlassen« oder, wie der Wiener Bürgermeister es vorgeschlagen habe, 50000 Juden: »Die würden sich wundern, wenn die Baikelesjuden würden herumrennen in Wien!« »Wir bauen schon wieder Öfen, aber nicht für Sie, Herr Wiesenthal«, bemerkte 1990 ein Kärntner FPÖ-Ortsvorsitzender zu dem international bekannten Wiener »Nazi-Jäger« Simon Wiesenthal, »aber nicht für Sie – Sie haben in Jörgl seiner Pfeife Platz.« Für diesen Satz flog der Mann immerhin aus der Partei – der einzige der hier dargestellten Fälle, der tatsächlich Konsequenzen hatte. Bleiben durfte ein FPÖ-Bundesrat, der Zweifel an der Existenz von Gaskammern geäußert hatte; er wurde später Ministerialrat im Verteidigungsministerium. Der burgenländische FPÖ-Vorsitzende Wolfgang Rauter wandte sich dagegen, daß der Film »Schindlers Liste« gratis vor Schülern gezeigt werden dürfe. Schon früher hatte er gemeint, daß es »bei aller Verwerflichkeit des nationalsozialistischen Regimes auch möglich sein« müsse, »die positiven Aspekte darzulegen«. Ein FPÖ-Bürgermeister befand, es sei ein »Geschenk des Himmels«, daß »der Adolf« und »der Jörg« am selben Tag Geburtstag hätten – was, nebenbei gesagt, gar nicht stimmt. Der Kärntner FPÖ-Politiker Reinhart Gaugg buchstabierte das Wort »Nazi« 1993 vor einem Journalisten wie folgt: »Neu, attraktiv, zielstrebig und ideenreich.« Auch in Deutschland bekannt sind Haiders eigene Sprüche: das Lob der »anständigen« alten Kameraden der Waffen-SS in Pörtschach am Wörthersee und der Satz von der »ordentlichen Beschäftigungspolitik« des Dritten Reiches, der ihn 1991 den Sitz des Landeshauptmanns in Kärnten kostete. Das Dokumentationsarchiv des österreichischen Widerstands listete 1996 41 damalige und vormalige Funktionäre der FPÖ mit »Kontakten zum Rechtsextremismus« auf. Solche Äußerungen und Verbindungen hätten in Deutschland für Politiker aller Parteien mindestens Anlaß zu einer glaubwürdigen Entschuldigung und Distanzierung geboten, wenn nicht das Ende ihrer Karriere bedeutet.

In Österreich werden solche Sprüche nur von einer kleinen Minderheit als skandalös empfunden, die aber guten Zugang zu Medien hat. Die meisten der angeführten Zitate sind wieder und wieder durch die Zeitungen gegangen. FPÖ-Politiker hüten sich inzwischen, irgend etwas über die Nazizeit zu sagen. Sie wissen, daß die Weltöffentlichkeit auf das, was sie sich so denken, empfindlich, sie würden sagen: hysterisch, reagiert. Warum das so ist, verstehen sie nicht. Österreicher haben nämlich, anders als Deutsche, nicht das Gefühl, daß in ihrem kollektiven Unbewußten ein Raubtier schlummert, daß man auf keinen Fall wecken darf. Beim durchschnittlichen Österreicher klingelt nichts, wenn er einen braunen Spruch hört. Hitler ist für ihn, ähnlich wie Stalin oder Napoleon, lange tot und überdies aus dem Ausland. Zwar kommen die Sprüche nicht selten von echten Nazis oder deren Nachfahren, die nie im Leben Anlaß sahen, sich mit der ideologischen Familientradition auseinanderzusetzen. Das Publikum aber ist ihnen gegenüber gleichgültig. Für die österreichische Öffentlichkeit gibt es keine rote Ampel, die aufleuchtet, wenn einer die Trennlinie zum Nationalsozialismus überschreitet. Die Wachsamkeit vieler Medien gegen verdächtige Formulierungen wird in weiten Teilen der Lesergemeinde als eine Art sportlicher Ehrgeiz empfunden, als abstrakte Jagdfreude, wie sie sich auch gegen Ehebruchsfälle von Politikern richten könnte – gegen Verfehlungen, die der Journalist im Grunde gar nicht so abscheulich findet, wie er glauben machen will.

Wir haben diese eigenartige Gleichgültigkeit in unserem kleinen Ort mehrfach erlebt. Eines Tages tauchte dort ein Flugblatt auf. Sein Verfasser behauptete, die katholische Kirche habe sich mit den Freimaurern und den Homosexuellen verbündet, um das anständige Österreich mit Ausländern zu überschwemmen. Dies sei Teil eines Plans, der 1848 auf einem panslawischen Kongreß entworfen worden sei. Er sehe vor, die Grenze des »Slawentums« entlang einer Linie von Stettin bis Triest neu zu ziehen. In Stettin und bei Triest stehe »der Slawe« ja nun schon, nur Österreich sei ihm noch im Wege. Wir erzählten einem sozialdemokratischen Lokalpolitiker davon. Er fand das abstrus, aber daß es NS-Thesen waren, wäre ihm keinen Augenblick eingefallen. Im Mitteilungsblatt unseres Ortes, das aus Gemeindemitteln bezahlt wird, stand Monat für Monat eine neue, längere Abhandlung vom selben Verfasser mit Bemerkungen über die angebliche Kriegsschuld der Alliierten und Andeutungen, daß im Zweiten Weltkrieg alles ganz anders gewesen sei, als man immer zu hören kriege. Ohne den Verfasser direkt anzugreifen, argumentierten wir, daß solche Thesen wenigstens nicht mit öffentlichen Mitteln finanziert werden sollten. Wir schickten einen bösen Leserbrief an das Gemeindeblatt: Entweder das hört auf, oder wir machen »ein Geschrei, daß man es bis nach Wien hört«. Die Tiraden fehlten von Stund an im Gemeindeblatt, aber ihr Verfasser, ein honoriger alter Weltkriegsteilnehmer, wurde im Jahr darauf vom SPÖ-dominierten Gemeinderat einstimmig zum Ehrenbürger erhoben. Wir standen sichtbar allein. Schon beim Versuch, Unterschriften für unseren Leserbrief zu bekommen, hatten wir uns fast überall eine Abfuhr geholt. Von den sechs Namen, die schließlich darunter standen, gehörten vier deutschen »Gastarbeitern«. Wir lernten: Österreicher haben, wenn es um den Nationalsozialismus geht, ganz andere Reflexe als wir. Die ganze Vergangenheitsbewältigung ist ihnen nicht so viel wert, daß sie sich dafür mit einem angesehenen Bürger anlegen würden.

Meinungsbefragungen bestätigen, daß die Österreicher die NS-Zeit allgemein in einem noch milderen Licht sehen als die Deutschen. Kurz nach der Wende in der DDR beurteilten 63 Prozent der Westdeutschen, aber nur je 55 Prozent der Ostdeutschen und der Österreicher den Nationalsozialismus als »insgesamt negativ«. Daß er »gute und schlechte Seiten«

gehabt habe, fanden 35 Prozent der Westdeutschen, 40 Prozent der Ostdeutschen, aber 43 Prozent der Österreicher.[26]

Die braunen Sprüche Haiders und vieler anderer FPÖ-Politiker fallen beiläufig. Sie reden so, weil sie es nicht besser gelernt haben. Mal schreibt eine Kärntner Kameradschaft ganz arglos das SS-Motto »Unsere Ehre heißt Treue« auf ihre Fahne, mal versichern Angehörige einer von Auflösung bedrohten Zolldienststelle ihrem Chef: »General, befiehl, wir folgen dir!« Im schlimmsten Fall sind FPÖ-Politiker davon überzeugt, mit der »Stimme des Volkes« zu sprechen, jenes »einfachen Volkes«, das mit den Wendungen des Hofes nichts zu tun hatte. Für das enorme internationale Echo auf die Kostproben ihres schlichten Hausverstandes haben sie nur Spott und Kopfschütteln übrig. Sie haben sich aber überzeugen lassen, daß man über das Dritte Reich besser nichts Positives sagt – bitte schön, wenn's der Welt ein Herzensanliegen ist, dann lassen wir's eben bleiben. Denn die FPÖ ist keine heimliche Nazi-Partei, deren unveröffentlichtes Programm dem der NSDAP gleichen würde. Aber ihre Mitglieder fühlen sich frei, dieses oder jenes ererbte oder aufgeschnappte Trümmerstück aus dem ideologischen Gebäude der NSDAP mit sich herumzutragen.

Die Ausländerfeindlichkeit der FPÖ dagegen ist ein bewußt eingesetztes strategisches Mittel zum Stimmenfang, das sich über lange Zeit hervorragend bewährt hat und von dem man sich nur ungern wieder trennt. Kaum im Amt des »Bundesparteiobmanns«, fragte Haider schon 1987 treuherzig, »ob's denn notwendig ist, daß wir bei 140000 Arbeitslosen derzeit über 180000 Gastarbeiter in Österreich haben müssen«.[27] Wien dürfe »nicht Chicago werden«, war die Parole der Wiener FPÖ in ihrem Anti-Ausländerwahlkampf 1991, Fremdenfurcht und Angst vor Kriminalität geschickt miteinander verbindend. Im Jahr darauf beantragten zwei FPÖ-Abgeordnete im Wiener Gemeinderat ganz offiziell, »alteingesessene« Wiener bei der Wohnungsvergabe gegenüber »eingebürgerten« zu bevorzugen – ausländische Staatsangehörige haben in Österreich sowieso keinen Zugang zu Sozialwohnungen. 1993 veranstaltete die FPÖ ein »Volksbegehren«, eine amtlich unterstützte Unterschriftensammlung, unter dem Titel »Österreich zuerst«. Die Wähler sollten ein gegen Zuwanderung gerichtetes Zwölf-Punkte-Programm unterschreiben. Das Volksbegehren wurde ein Mißerfolg. Daraufhin kühlte die Begeisterung der Parteistrategen für das Ausländerthema etwas ab. Weitere Mobilisierung ist auch kaum nötig: Wer keine Ausländer mag, fühlt sich bei der FPÖ ohnehin sicher aufgehoben.

Zwei Demographen, Rainer Münz und Gustav Lebhart, haben 1999 die Einstellungen der Österreicher zu Ausländern untersucht und auch mit der Einstellung der Deutschen verglichen. Dabei schneidet das Heimatland der FPÖ erwartungsgemäß nicht gut ab. Mehr als 44 Prozent der Österreicher finden, daß die Ausländer »nach Hause geschickt werden« sollen, »wenn die Arbeitsplätze knapp werden«, aber nur 30 Prozent der Deutschen.[28] Liberaler sind die Deutschen auch, wenn es um so sensible Themen wie den islamischen Religionsunterricht geht. Die meisten Deutschen würden den leidigen Zwist gern durch die generelle Abschaffung des Religionsunterrichts lösen, die meisten Österreicher wollen immer noch einen nur christlichen Religionsunterricht. 29 Prozent der Österreicher sind für ein Ausländerwahlrecht auf kommunaler Ebene, aber 38 Prozent der Deutschen. Generell sind die Österreicher also deutlich ausländerfeindlicher als die Deutschen. Es gibt allerdings auch Fragen, auf die Deutsche und Österreicher sehr ähnlich antworten: Die Deutschen werden in der Ausländerfrage nur dann ähnlich empfindlich wie die Österreicher, wenn es um ihren Wohlstand geht. So halten 47 Prozent der Österreicher und auch 43 Prozent der Deutschen die Ausländer irrtümlich für eine »Belastung für unseren Sozialstaat« – in Wirklichkeit zahlen die Ausländer insgesamt in beiden Staaten mehr ein, als sie herausbekommen. Ähnlich viele Deutsche und Österreicher meinen, Ausländer sollten die gleichen Sozialleistungen wie Inländer bekommen – eigentlich eine zivilisatorische Selbstverständlichkeit.

Stärker noch als in der Quantität unterscheidet sich die Ausländerfeindlichkeit in beiden Ländern in der Qualität – auch wenn die sich, ihrer Natur nach, schlecht messen läßt.

Assimilation und Ausgrenzung: Während Einwanderer aus Südosteuropa in einigen Stadtteilen bereits ein Drittel der Bevölkerung bilden, erhalten viele Asylbewerber weder Essen noch Unterkunft vom Staat; Protestaktion in Wien 1993.

Immerhin 60 Prozent der Deutschen meinen, Ausländer sollten »ihren Lebensstil besser anpassen«, aber in Österreich denken mehr als drei Viertel so: 77 Prozent. 23 Prozent der Deutschen sind gegen Assimilation, aber nur 9 Prozent der Österreicher. Deutsche haben auch weniger Vorurteile als ihre südöstlichen Nachbarn. Daß Ausländer häufiger Straftaten begingen, glauben 42 Prozent der Deutschen und 59 Prozent der Österreicher.

Wenn sie nach ihrer Haltung zu Ausländern gefragt werden, denken die Österreicher natürlich nicht an Deutsche, obwohl im ganzen Land immerhin jeder elfte Ausländer ein Deutscher ist und in den Haupttouristenländern Tirol und Kärnten sogar jeder sechste. Deshalb machen Deutsche in Österreich mit der typischen Ausländerfeindlichkeit auch nur indirekt Bekanntschaft – durch Zuhören beim Alltagstratsch und durch Beobachtung. Wir haben die schockierende Erfahrung gemacht, daß auch ganz freundliche und offene Nachbarn unbefangen der allerfinstersten Fremdenfeindlichkeit anhängen. Einmal wöchentlich stecken Asylbewerber aus Afrika bei uns Reklame in die Briefkästen. Keiner von ihnen hat je etwas Böses getan, wie der Polizeiposten im Ort bestätigt. Aber manche unserer Nachbarn haben die harmlosen Rundgänge der Afrikaner zum Anlaß genommen, sich auf ihren Grundstücken für Tausende Mark teure Stahltore mit Sprechanlage installieren zu lassen. Gern stellt man auch Schilder mit der Aufschrift »Bissiger Hund« auf – »wegen der Neger«. Kinder werden angewiesen, auf das Klingelzeichen nicht zu antworten. Unsere Tochter nahm von einer älteren Frau die dringende Warnung entgegen, nur ja nicht in den Wald zu gehen. Dort hielten sich »Neger« auf.

Gewundert haben uns weniger die abenteuerlichen Vorurteile als die Arglosigkeit, mit der sie geäußert werden. Wer Ausländer haßt, sagt es laut, niemand tut sich einen Zwang an. Noch auffälliger als die größere Verbreitung von Ausländerfeindlichkeit ist die Tatsache, daß die häßliche Emotion offenbar kaum polarisiert. Die Sozialwissenschaft stützt diese Beobachtung. Der rassistische und überdies besonders dämliche Satz, Ausländer sollten »unter sich heiraten«, wird immerhin von einem knappen Viertel sowohl der Österreicher als auch der Deutschen unterschrieben. Aber ausdrücklich abgelehnt wird der Satz von 63 Prozent der Deutschen und nur 47 Prozent der Österreicher. Ein nicht eben kleiner Teil der Deutschen ist ausländerfeindlich, und ein anderer, größerer Teil schämt sich dafür. Unter den Österreichern ist dieses letztere Segment deutlich kleiner. Rassismus und nationale Überheblichkeit erinnern die Deutschen unangenehm an die Nazivergangenheit. Bei den meisten Österreichern entfällt diese Assoziation.

Die Ausländerfeindlichkeit in Österreich hat auch relativ wenig mit den politischen Präferenzen zu tun. Zwar sind erwartungsgemäß die FPÖ-Anhänger am häufigsten »tendenziell ausländerfeindlich« (61,5 %) und die Grünen mit 20,2 Prozent am wenigsten. Aber zwischen den SPÖ- und ÖVP-Anhängern ist der Unterschied marginal. Zieht man das politische Milieu heran, also die Orientierung der Eltern, so bringen die »roten« Familien sogar mehr Ausländerfeindlichkeit hervor als die »schwarzen«. Das schlägt sich auch politisch nieder: Es sind die SPÖ dominierten Gewerkschaften, die bis heute verhindern, daß Ausländer in Betriebsräte gewählt werden dürfen.

Im Zungenschlag manches Mitbewohners haben wir, manchmal erst nach Jahren und nachdem wir unser Ohr für den steirischen Dialekt geschult hatten, irgendwann einen sehr feinen Akzent herausgehört – meistens einen slawischen, je einmal, wie sich herausstellte, auch einen italienischen, einen rumänischen und einen persischen. Die Leute lebten zwischen alpinen Bauernmöbeln, und eine trug immer ein Dirndlkleid. Wenn es ums Thema Ausländer ging, pflegten sie zu schweigen. Offenbar hat unser Ort, neben seiner irritierenden Ausländerfeindlichkeit, auch eine nicht zu unterschätzende Integrationskraft. Die Herkunft der assimilierten Fremden wurde nie erwähnt – nicht von ihnen und auch nicht von anderen. Den Neuösterreichern war, wie es schien, eine stramme Anpassung zugemutet worden. Immerhin ist sie aber gelungen. Die ärgsten Hetzer im Dorf würden sich unterstehen und über die Abstammung dieser Mitbürger lästern. Schwarze sind keine unter den Eingegliederten; man könnte sich in unserem Dorf aber auch einen Afrikaner mit Tirolerhut vorstellen.

Weil die Österreicher einen anderen Begriff von sich selbst haben als die Deutschen, haben sie auch einen anderen Begriff von den Ausländern. In Deutschland bleibt ein Ausländer immer ein Ausländer, auch wenn er sich einbürgern läßt. Der Weg zu seiner Tolerierung führt über die Akzeptanz seiner Andersartigkeit. Deutsche, die nichts gegen Ausländer haben, akzeptieren auch Knoblauch, Kopftuch und Moscheen. In Österreich dagegen führt der Weg zur Tolerierung über die Anpassung: Man darf ruhig Svoboda, Petrovic, Horváth oder Miculescu heißen, wenn man nur Ski fährt, Geranien ins Fenster stellt und zu Weihnachten »Stille Nacht« singt. Die deutsche Nation hat sich immer als Abstammungsgemeinschaft verstanden, die österreichische nie. Der berühmte – und noch heute geehrte – Wiener Bürgermeister Karl Lueger (1844 bis 1910) war ein rigoroser Antisemit und verstellte allen seinen Beamten die Beförderung, wenn sie etwa Tschechisch sprachen. Aber sein Ziel war die Assimilierung, nicht die Vertreibung oder »Ausmerzung« der Andersartigen. Die prominentesten Rechtsextremisten Österreichs im vergangenen Jahrhundert hießen zum Beispiel Odilo Globocnik oder Taras Borodajkewycz, ohne daß sie einen Widerspruch zwischen slawischem Namen und deutscher Sendung empfunden hätten. Österreich, das »Bollwerk des Deutschtums gegen den Osten«, empfand es als seine Mission, den wilden Völkern des Ostens deutsche Kultur nahezubringen.

Die größte Ausländergruppe in Österreich kommt noch immer aus Gegenden, in denen die Zuwanderung nach Österreich seit Jahrhunderten Tradition ist: aus dem früheren Jugoslawien, das 45 Prozent aller Ausländer stellt. Wenn die Österreicher von »Ausländern« sprechen, denken sie zunächst an Ex-Jugoslawen. Im Wiener oder Grazer Telephonbuch haben sich die Epochen der Zuwanderung wie Schichten einer Torte abgelagert. Da findet man den Namen Drnovsek mit oder ohne Hacek auf dem s, als Dernoschek oder Dernoschegg, je nachdem, wann die jeweilige Familie aus Slowenien gekommen ist. Noch immer ist es Sitte, daß Träger slawischer

Namen sich lieber einen »schönen deutschen« zulegen – so hat es etwa Peter Westenthaler gehalten, der Fraktionsvorsitzende der FPÖ im Bundesparlament, der eigentlich Hojac heißt. Zuwanderer der zweiten oder dritten Generation mögen sich gegenüber Neuankömmlingen gelegentlich besonders ablehnend geben. Wenn sie sich ihnen gegenüber als Rassisten aufführen, wirkt es aber doch peinlich.

Beim deutsch-österreichischen Vergleich der Rassismen und Ausländerfeindlichkeiten, wie er während der Sanktionen des Jahres 2000 Konjunktur hatte, wiesen die Österreicher immer darauf hin, daß es bei ihnen, anders als in Deutschland, wenigstens keine Todesopfer zu beklagen gebe. Das trifft nicht ganz zu: Am 4. Februar 1995 brachte der »Briefbomber« Franz Fuchs in Oberwart im Burgenland vier Roma mit einer Sprengfalle um, und im Mai 1997 starb ein Mazedonier bei einer Brandstiftung in einem Ausländerwohnhaus. Der erste Fall wurde im öffentlichen Bewußtsein zur unpolitischen Einzeltat verdreht, der zweite wurde einfach vergessen.[29] Richtig ist, daß offene Gewalt gegen Ausländer viel seltener ist als in Deutschland – seltener auch als in Westdeutschland. Nur Polizeiübergriffe sind häufiger. Amnesty international listet Jahr für Jahr Fälle auf, daß Menschen dunklerer Hautfarbe, auch Kinder, auf der Straße und auf der Wache willkürlich verprügelt und erniedrigt werden. Wer sich wehrt, wird routinemäßig wegen Widerstand gegen die Festnahme angezeigt, wer Fälle bezeugt, wegen Verleumdung.[30] Der Psychotherapeut Klaus Ottomeyer, Hochschullehrer an der Klagenfurter Universität, macht im Verhältnis zur Gewalt auch einen kulturellen Unterschied zwischen beiden Ländern aus. Den Österreichern sei das »berserkerhafte Wüten«, wie man es aus Deutschland kenne, fremd. »Aber hassen können sie hier gut.« Ottomeyer erzählt aus seiner Praxis von Menschen, die auf Ausländerämtern bewußt und heimtückisch in bürokratische Fallen gelockt würden und dann ihre Aufenthaltsberechtigung verlören, und er weiß von ausgesuchten, sadistischen Beleidigungen.

Der deutsche und der österreichische Staat bemühen sich beide mit unterschiedlichen juristischen Mitteln, unerwünschte Ausländer von ihren Grenzen fernzuhalten. In Österreich gibt es, anders als in Deutschland, für Aufenthalts- und Arbeitserlaubnis feste Quoten, mit denen die Zuwanderung gesteuert werden soll – eine Idee, die auch in Deutschland ins geforderte Einwanderungsgesetz Eingang finden könnte. Die Quoten sind aber so niedrig, daß sie nicht einmal den Nachzug der Familien von in Österreich arbeitenden Ausländern ermöglichen. In Deutschland ist der Familiennachzug immerhin ein Recht. In Österreich kann es einem passieren, daß man zwar eine Aufenthalts- aber keine Arbeitserlaubnis bekommt. In Deutschland ist beides gekoppelt. In beiden Ländern muß man zehn Jahre leben, um sich einbürgern lassen zu können – einzelne Bundesländer, etwa Oberösterreich, schieben strenge Sprachtests vor. Einen Rechtsanspruch auf Einbürgerung gibt es erst nach 30 Jahren – in Deutschland wie in Österreich. Die restriktiven Zuwanderungsregeln führen in beiden Ländern dazu, daß viele Menschen, die anders nicht ins Land können, Asyl beantragen. Österreich hat, wie man beim UNO-Flüchtlingshilfswerk betont, immerhin eine vorbildliche Drittstaatenregelung: Bei Asylverfahren wird wirklich geprüft, ob sich ein Bewerber vor seiner Einreise nach Österreich schon in einem anderen möglichen Asylland aufgehalten hat – während Deutschland einfach pauschal alle seine Nachbarländer für »sicher« erklärt hat und nur Asylbewerber akzeptiert, die vom Himmel fallen. Dafür garantieren die Deutschen den eingetroffenen Asylbewerbern wenigstens für die Dauer ihres Verfahrens Essen und Unterkunft. Die Österreicher nicht: Sie lassen sie unter Umständen betteln oder im Park herumlungern. In Deutschland bekommt jeder, der aus irgendwelchen Gründen nicht abgeschoben werden kann, den Status der »Duldung«. In Österreich sind solche Menschen »sans-papiers«, die jederzeit in Abschiebehaft genommen werden können. Gegenüber EU-Ausländern wiederum ist das Touristenland Österreich freundlicher: Der Gang zum Ausländeramt entfällt ganz, man kann sich einfach, wie jeder Inländer, überall polizeilich anmelden.

Prüft man die Effizienz der Abschreckungsmaßnahmen an der Ausländerquote, so sind beide Staaten ähnlich erfolgreich. In Deutschland liegt die Rate bei 8,9, in Österreich bei

9,2 Prozent. In Deutschland stellen die Türken die mit Abstand größte Gruppe, gefolgt von Ex-Jugoslawen, Italienern und Griechen. In Österreich führen Ex-Jugoslawen vor Türken und Deutschen.[31] Trotz ähnlicher Bestimmungen werden in Deutschland, gemessen an der Bevölkerungszahl, fast doppelt so viele Ausländer eingebürgert wie in Österreich.

Daß die Österreicher im Durchschnitt ausländerfeindlicher sind als wenigstens die Westdeutschen, paßt gut zu dem deutschen Klischee, daß die Österreicher »schon damals« die weit größeren Antisemiten gewesen seien. Aber ganz bruchlos kann die Übertragung des einen Ressentiments aufs andere nicht stattgefunden haben. Noch 1982 nämlich waren die Österreicher nach einer vergleichenden Untersuchung deutlich aufgeschlossener gegenüber Ausländern als die Deutschen: Damals waren nur 18 Prozent der Deutschen, aber 32 Prozent der Österreicher dafür, daß »die Gastarbeiter für immer hier bleiben können«. Deutsche meinten deutlich häufiger als Österreicher zu wissen, daß mit den Ausländern »unsere Wohnviertel verkommen«, daß sie Kriminalität einschleppen und »unsere Frauen belästigen«.[32] Der Antisemitismus als der Ausländerfeindlichkeit verwandter Ungeist war in den achtziger Jahren aber in Österreich stärker ausgeprägt: Damals meinten 22 Prozent, die Juden seien »mit schuld, daß sie in ihrer Geschichte so oft verfolgt worden sind«, was nur 10 Prozent der Deutschen glaubten. Drei Viertel der Österreicher, folgerte der Meinungsforscher Bernd Marin, seien »wenigstens schwach antisemitisch«.[33]

Ob aber der extreme, später tödliche Haß auf Juden, der sogenannte Rassenantisemitismus, in Österreich erst entstanden ist und dann von dort, gemeinsam mit Adolf Hitler, nach Deutschland kam, muß man bezweifeln. Eher haben beide Länder ihre spezifischen Beiträge dazu geleistet und sich gegenseitig aufgeschaukelt. Die Theorie des rassistischen Antisemitismus geht auf den Franzosen Joseph Conte de Gobineau (1816–1882) zurück und wurde zunächst in Berlin eifriger rezipiert als in Wien.[34] Der populäre Komponist Richard Wagner wurde ihr berühmtester Anhänger. Dann allerdings griffen zunächst die österreichischen Studentenverbindungen

Integration: Türkische Mädchen auf einem Spielplatz und gemeinsam mit einer österreichischen Freundin.

die Ideen auf und fügten die ersten »Arierparagraphen« in ihren Satzungen ein. 1877 war die Wiener Teutonia als erste Burschenschaft »judenrein«. Erst 1890 weigerten sich die deutschen Burschenschafter, praktizierende Juden aufzunehmen; getaufte wurden noch genommen. Im niederösterreichischen Waidhofen entstand der Grundsatz, sich mit Juden nicht mehr zu duellieren. Georg von Schönerer, der wüst antisemitische Anführer der deutschnationalen Fraktion in Wien, nannte sich »Führer« und grüßte mit »Heil«[35], in Österreich verwandte der »Deutsche Turnerbund« zuerst das Hakenkreuz.[36] Hitlers Gedanken- und Symbolwelt ist in der Tat österreichischen Ursprungs.

In Österreich stand der Rassenantisemitismus allerdings in einem anderen politischen Kontext als in Deutschland. Er infizierte vor allem die deutschnationalen Kleinbürger, die sich ja als Deutsche fühlten, mit dem Mutterland auch politisch verbunden sein wollten und gern die Abstammungsideologie der Reichsdeutschen aufnahmen. In Deutschland war der Antisemitismus dagegen staatstragend; Kaiser Wilhelm hielt sich mit Adolf Stöcker einen Hofprediger, der die Juden von der Kanzel herab verdammte. In Österreich dagegen war der Antisemitismus staatsfeindlich. Für den Kaiser Franz Joseph wurde in der Synagoge gebetet. Schönerer erklärte die Juden sogar polemisch zum eigentlichen Staatsvolk in der Monarchie: Sie seien die einzigen ohne Mutterland und damit ohne staatsgefährdende Nationalgefühle.[37] Der deutsch-österreichische Sozialdemokrat Karl Kautsky klagte: »Die Antisemiten sind jetzt unsere gefährlichsten Gegner, gefährlicher als in Deutschland, weil sie oppositionell und demokratisch auftreten, also den Instinkten der Arbeiter entgegenkommen.«[38] Wie schlimm der Antisemitismus im Wiener Alltagsleben tatsächlich war, ist nachträglich nicht mehr meßbar. Vielleicht ist der besonders arge Antisemitismus in Österreich ja auch eine Legende. Die Nazis hatten ein Interesse an ihrer Verbreitung, aber auch die Nachkriegsdeutschen, die gern mal auf jemand anderen zeigten.

Die jüdische Publizistin Hazel Rosenstrauch ist nach 23 Jahren Leben in Deutschland in ihre Geburtsstadt Wien zurückgekehrt und hat ihre Erfahrungen in beiden Ländern verglichen. Unter dem Strich ist ihr der »unverkrampfte Antisemitismus« in Österreich lieber.[39] »Lange schien mir der deutsche Philosemitismus penetrant, aber relativ sicher, die österreichische Ignoranz war ehrlicher und manchmal auch angenehmer, weil sie mich nicht auf die Rolle der übriggebliebenen Exotin festlegte«, schreibt Rosenstrauch. Aber selbst mit der Sicherheit, dem einzigen Vorteil des deutschen Philosemitismus, sei es nicht weit her: »All die Aufklärung hat in Deutschland sowenig den Neonazismus verhindert wie die österreichische Schlamperei den in Österreich.« Dabei liegt es Rosenstrauch fern, an Österreichs nationale Unschuld zu glauben, die den »unverkrampften« Umgang mit dem Antisemitismus erst möglich macht. Über die Pogrome der Nazizeit entstand bei dem Nachkriegskind aus Erzählungen der Eindruck, »daß in Österreich mehr Geifer im Spiel war, daß nicht nur Pflicht und Gehorsam, auch Lust und Spieltrieb unter besonderem Einsatz barocker Phantasie die Grausamkeiten vervollständigten«. Nur hat es die Verdrängung des Nazi-Erbes möglich gemacht, daß in Österreich ein Antisemitismus »ohne Auschwitz« wieder möglich wurde. Wer gegen Juden hetzt, denkt nicht automatisch an Gasöfen. In Deutschland schon; deshalb ist der Antisemitismus in Deutschland verpönt, vielleicht seltener, sicher aber unverschämter und bedrohlicher. Sagt in Deutschland jemand, es gehe zu »wie in der Judenschule« oder es bewege sich jemand »mit jüdischer Hast«, rührt die Umstehenden der Donner.

Der langjährige Bundeskanzler Bruno Kreisky, selbst jüdischer Abstammung, hat dem Antisemitismus »ohne Auschwitz« in seiner Amtszeit eine tiefe Bresche geschlagen. Hinter seiner Parteinahme für die Palästinenser im Nahostkonflikt konnten sich alte Nazis bequem verstecken. Entzückt war die Szene von Kreiskys Ausfällen gegen Nazi-Jäger Simon Wiesenthal, der die SS-Vergangenheit eines FPÖ-Politikers aufdeckte, mit dem Kreisky gern koaliert hätte. Das sei »eine Mafia, die hier am Werk ist«, das ganze sei eine »Affäre Wiesenthal«. Sogar den berüchtigten »Schlußstrich« unter die Vergangenheit wollte Kreisky ziehen.[40] Besonders genüßlich zi-

Erfahrung Antisemitismus: Orthodoxe Juden auf dem Weg zur Synagoge; im Hintergrund das Wahrzeichen des Katholizismus, der Stephansdom in Wien.

tiert wurde der Kreisky-Satz: »Wenn die Juden ein Volk sind, so ist es ein mieses Volk.« Er war selbstironisch gemeint und fiel als versöhnliche Schlußbemerkung im Gespräch mit einem israelischen Korrespondenten. Nach 1945 und erst recht nach 1968 mußte sich die ganze deutsche Geistesgeschichte darauf befragen lassen, ob sie den Weg nach Auschwitz geebnet hatte. Nietzsche und Wagner, Herder und Heidegger mußten neu studiert werden, weil die Nazis viele ihrer Ideen kompromittiert hatten. In Österreich war nichts und niemand kompromittiert, der sich vor 1938 so oder so geäußert hatte. Nach dem Hitler-Verehrer und Dichter des Hakenkreuz-Liedes Ottokar Kernstock ist noch heute in jedem Kaff eine Straße benannt. Kernstock starb schon 1928. Mit Kreisky war im österreichischen Alltagsantisemitismus jedes schlechte Gewissen bis auf weiteres zum Schweigen gebracht.

Muß sich Europa vor dem nach rechts gewendeten Österreich nun fürchten? Oder kann einem vergleichsweise egal sein, was in dem kleinen Land passiert? Beides trifft zu. Stünde Österreich allein, wäre die Gefahr überschaubar. Sorge machen muß den Europäern weniger die Zukunft Österreichs als die seines nördlichen Nachbarn.

Es war ein strahlender Wintertag, die Sonne stand über den Karawanken und schickte ihr mildes Licht auf das beschauliche Klagenfurt. Für den anderen Tag hatte sich der Herr Landeshauptmann angesagt. Allerlei Kamerateams und Wiener Korrespondenten fanden sich in dem Städtchen ein, um Jörg Haiders erste Reaktion abzufangen, und bezogen Quartier im gemütlichen »Sandwirt«, wo, wie man hier zu erzählen weiß, schon der Führer gewohnt hat. Gerade war bekanntgeworden, daß die vierzehn anderen EU-Länder mit Österreich keine Kontakte auf Ministerebene mehr pflegen wollten, wenn die FPÖ in die Regierung käme. Ich fuhr am frühen Abend noch ein wenig ins Land, um »die Stimmung« einzufangen. Auf dem Hauptplatz von Feldkirchen, einem hübschen Kleinstädtchen nahe Klagenfurt, hängte ich mir das Aufnahmegerät um, setzte die Schaumstoffverkleidung auf das Mikrophon und suchte nach »Passanten«. Die erste, die ich ansprach, war eine sehr gepflegte Dame in den späten Fünfzigern, angetan mit einem grünen Lodenmantel und einem kecken Hütchen mit Fasanenfeder. Sie lächelte mir liebenswürdig zu. »Was halten Sie von Adolf Hitler?« fragte ich sie, denn Straßenumfragen muß man so plump wie möglich angehen. »Ja, also«, sagte die Dame, »gar so schlecht, wie man immer sagt, kann er nicht gewesen sein. Er hat ja auch viel Gutes gebracht, oder nicht?« Mit einem Volltreffer hatte ich nicht gerechnet, und ich war für einen Moment sprachlos. Die Dame, immer noch lächelnd, kam meiner nächsten Frage zuvor. »Der Dr. Haider wird auch immer nur heruntergemacht, dabei ist er ein sehr fähiger Politiker.« Und nach einer Pause: »Was meinen Sie? Finden Sie nicht?«

Überall auf der Welt bringt man Faschismus wenigstens mit haßerfülltem Gebrüll, mit Straßenterror und Lynchjustiz in Verbindung. In Österreich dagegen gehen Faschismus und Gemütlichkeit gut zusammen. Die Dame in Feldkirchen durfte wahrscheinlich zeitlebens denken, was sie wollte; wenn sie es einmal offen sagte, hat ihr nie jemand widersprochen. Andererseits wäre sie wohl auch nicht auf die Idee gekommen, ihren Gedanken Taten folgen zu lassen – auch in jüngeren Jahren hätte sie in ihrer schönen Heimatstadt keine NS-Kameradschaft gegründet und schon gar nicht auf dem Hauptplatz Parolen gebrüllt. Das tat man nicht; dazu war nicht die Zeit. Vielleicht wäre sie oder war sie – oder vielleicht ihr Mann oder ihr Bruder – 1972 dabeigewesen, als eines Nachts wütende Deutschkärntner in zweisprachigen Gemeinden die slowenischen Ortsschilder herausrissen, damit ihr Land »deutsch« bleibe. Aber wenn, dann auch nur, weil es die Zeit war und man eben so dachte – mindestens bis hinauf zum Herrn Bürgermeister. In Feldkirchen gibt es keine »Bewegung«, es rotten sich keine Menschen zusammen, um irgend etwas – Legitimes oder Illegitimes – zu fordern. Hier bittet man schön, und ansonsten denkt man sich sein Teil.

Wenn doch einmal etwas wie Bewegung auftaucht, ist es Maskerade – so wie der »Austrofaschismus« der dreißiger Jahre. Damals fühlten der Bundeskanzler und der Bürgermeister, der Bischof und der Pfarrer, daß ihr kleines Land zwischen zwei großen Staaten mit mächtigen faschistischen Bewegungen nicht lange würde bestehen können. Die Jugend trug schon Braunhemd und wähnte sich deutsch und eins mit einer anderen Macht. Da ließen der Bundeskanzler und der Bürgermeister, der Bischof und der Pfarrer für die Jugend Uniformen schneidern, sie Parolen lernen und gründeten eine »Heimwehr«. Nun hatte Österreich auch eine Bewegung – ganz nach dem Muster der Gegenreformation, als die Jesuiten die Formen der Ketzer aufnahmen, um sie mit frommen Inhalten zu füllen. In Feldkirchen gibt es keine grölenden Skinheads, es werden keine Ausländer durch die Stadt gejagt, keine Asylantenheime angezündet. Und wenn es doch einmal geschieht, dann erst, wenn der Bürgermeister und der Pfarrer das Zeichen dazu gegeben haben.

In Österreich ist der Faschismus endemisch wie die Pest in Innerasien. Unter Endemie verstehen die Epidemiologen einen nie erlöschenden Durchseuchungszustand in einem bestimmten geographischen Gebiet. In der nördlichen Mongolei und in Transbaikalien bricht immer wieder mal bei Menschen die Pest aus, ab und zu stirbt auch jemand daran. Zur furchtbaren Seuche aber wird sie erst, wenn sie aus ihrem Endemiegebiet ausbricht und auf unzureichend immunisierte Volksmassen trifft.

Im toleranten Österreich durfte und darf man Faschist sein. Es ist verboten, Organisationen zu gründen, und auch wer allzu sendungsbewußt ist und an die breitere Öffentlichkeit geht, kann Probleme bekommen. Wer aber nur schwadroniert, wird von der allgemeinen Interesselosigkeit in Schutz genommen und fällt ihr zugleich zum Opfer. Es gibt Sanktionen von oben, aber nicht von nebenan, vom Nachbarn. Die Erinnerung an die Nazis und ihre Ideologie wird in bestimmten Familien und in manchen Verbänden wachgehalten. Dort denkt man sich sein Teil zum Weltgeschehen, aber man handelt nicht. Denken, Reden und Handeln sind hier stets dreierlei. Weil das jeder weiß, brandete unter ÖVP-Politikern nach der Verhängung der Sanktionen so große Empörung auf: Haider hatte ja »nur geredet«, nicht gehandelt! War nicht die Ausländerpolitik Österreichs dieselbe wie in anderen EU-

Staaten? Was hatte man denn getan? Die anderen EU-Partner wollten es nicht so weit kommen lassen, daß das Wort zur Tat würde. Als er vor europäischer Kulisse stand, spürte Haider zum erstenmal wirklich Druck; prompt trat er zurück. Die Österreicher dagegen wußten, daß er wenigstens bei ihnen nie zur Tat kommen würde. Österreich ist ein kleines Land, und es ist sich seiner geringen Bedeutung bewußt. Es ist Mitglied der Europäischen Union und eingebunden in vielfältige Verpflichtungen. Das Land ist fett; es gibt keine Krise, auch keine moralische. Bewegungen haben hier keine Chance. Schon auf dem Boden des alten Wien gediehen die skurrilen Germanentümler, die Erweckungsphilosophen und die düsteren Antisemiten, und es gab dort Politiker, die mit den häßlichen Emotionen ihr Spiel spielten. Aber die NS-Bewegung ist in Deutschland entstanden. Schon Hitler mußte auswandern, damit man ihn ernst nahm.

Um aktuelle Lehren zu ziehen, braucht man nicht zu problematischen Vergleichen Zuflucht zu nehmen. Es genügt zu fragen, was wohl geschähe, wenn ein europaweit geduldeter Haider durch die ostdeutschen Plattenbausiedlungen zöge. Er müßte den Jugendlichen dort nur erzählen, was er seinen Österreichern auch sagt: daß es auf sie ankommt, daß sie die Anständigen im Lande sind und daß sie sich nicht alles gefallen lassen müssen. Sie würden handeln. Aber das wäre schon das Thema für ein Buch über das verrückte Deutschland.

Geh, könnten S' grad so lieb sein?

Das Gesellschaftssystem

Deutsche und Österreicher gleichzusetzen kann unter Umständen teuer kommen. Diese Erfahrung hat der britische Waschmittelkonzern Procter & Gamble gemacht. Er bewarb sein Produkt »Vizir« in beiden Ländern mit einem eindrucksvollen Fernsehspot: Ein drei Mann starkes Fernsehteam mit Journalist, Kameramann und Beleuchter schellt an der Wohnungstür einer nichtsahnenden Hausfrau, die dann, als sie öffnet, sofort auf Sendung erscheint. Der aufdringlich gut gelaunte Reporter mit dem großen Mikrophon will »mal einen Blick in Ihren Wäscheschrank werfen«, um festzustellen, ob bei Frau X auch wirklich alles schön sauber und rein sei. Die Hausfrau kriegt einen Schrecken, faßt sich aber rasch und führt den fremden Männern artig, guten Gewissens und ein bißchen stolz ihre gebügelte Wäsche vor.

Der Spot war in Deutschland erfolgreich, ging in Österreich aber böse unter. Es handelte sich im Urteil der Rezipientinnen um ein eindeutig »piefkinesisches« Machwerk, das auch dann noch erfolglos blieb, als Procter & Gamble den Spot nachdrehen und die Hausfrau österreichisch sprechen ließ. Wildfremden Journalisten Beweise ihrer Reinlichkeit vorzuführen käme den österreichischen Adressatinnen von Waschmittelreklame nicht in den Sinn. Brav konform zu gehen mit blödsinnigen Anforderungen finden Österreicher peinlich und typisch deutsch. Wie wir zu unserer Überraschung lernen mußten, halten sie die Deutschen für autoritätsgläubig und sich selbst für eher ein bißchen anarchistisch.

Das ist nicht erst so, seit es Fernsehspots gibt. Preußen sind blind gehorsam, Österreicher phantasievoll und kritisch: So will es ein altes Klischee. Früher erzählte man sich darüber

Geschichten aus dem militärischen Leben – zum Beispiel vom Prinzen von Homburg, dem typischen deutschen Offizier. Er gewann, in brandenburgischen Diensten stehend, durch eigenmächtiges Vorpreschen eine Schlacht, wurde dann aber zum Tode verurteilt. Der Prinz hatte zwar nach den Regeln der Kriegskunst recht gehabt, aber, was entscheidend war, gegen die Gebote preußischer Tugend verstoßen. Heinrich von Kleist, der preußischste aller deutschen Dichter, machte aus dem Fall ein Drama, in dem er den Prinzen sein Verhalten einsehen und das Todesurteil annehmen ließ. In Österreich dagegen wurde Kadavergehorsam nie geschätzt. Die höchste Tapferkeitsauszeichnung für Offiziere des kaiserlichen Heeres, der Maria-Theresien-Orden, wurde für »besonders herzhafte That« verliehen, unter Umständen gerade für Eigeninitiative. Die Volkslegende machte daraus einen Orden für Befehlsverweigerung.[1] Statt mit einem Todesurteil hätte der Prinz von Homburg, wenn er in österreichischen Diensten gestanden hätte, danach mit allerhöchster Dekoration rechnen dürfen.

Mit unseren Erfahrungen paßte dieses geradezu antiautoritäre Selbstbild der Österreicher zunächst schlecht zusammen. Wir fanden die Österreicher im Gegenteil ausgesprochen obrigkeitshörig. Es fiel schwer zu glauben, was sich Österreicher zum Beispiel von ihren Beamten alles gefallen ließen. Wir wurden einmal in die Landeshauptstadt »einbestellt«, nur damit ein Beamter uns noch einmal feierlich vorlas, was wir ihm selbst für seine Akten mitgeteilt hatten. Solche absurden und zeitraubenden Termine sind nichts Ungewöhnliches. »Nachmittags grundsätzlich kein Parteienverkehr« steht an vielen Ämtertüren, bürgerfreundliche Öffnungszeiten sind kaum verbreitet. Wer etwas beglaubigen lassen will, verbringt eine bis zwei Stunden auf dem Bezirksgericht – Gemeindeämter sind zu dieser banalen Dienstleistung nicht befugt. Dort lädt dann ein aufreizend behäbiger Staatsdiener die »Parteien« einzeln vor und sagt jedem, welche »Stempelmarken« er beizubringen hat. Man muß wieder hinaus aus dem Amtszimmer, sich vor dem Kassenschalter anstellen, die Stempelmarken kaufen und sich zurück zum Beglaubigungsbeamten begeben, der die ganze Zeit untätig auf einen gewartet hat. Kein

Österreicher protestiert. Zwar gießt manch einer der Wartenden auf dem Gang ätzenden Spott über die bizarre Szene aus, aber kaum ist er selber an der Reihe, streckt der Spötter von eben dem Herrn Kanzleirat zitternd und eilfertig seine Dokumente entgegen. Der österreichische Dichter Ödön von Horváth hat in der Szenensammlung »Der ewige Spießer« die auch uns geläufigen Erfahrungen in die schöne Szene von den Reisenden gefaßt, die schon vor Übertreten der Grenze ihre Koffer weit öffnen, damit der Zöllner nicht für den Bruchteil einer Sekunde auf die Idee kommt, sie seien irgendwie des Schmuggels fähig.

Die Servilität der Österreicher auf dem Amt verschmolz in unserer Wahrnehmung zunächst mit einer verbreiteten Konfliktscheu, die sich auch im alltäglichen Zusammenleben beobachten läßt. Beide Eigenschaften passen ja auch in der Tat gut zusammen. Es fiel uns auf, daß einem kaum jemand mal direkt widerspricht. Die sonst angenehme Höflichkeit bekam mitunter etwas unergründlich Japanisches. Gesprächsstrategien, bei denen man überspitzt, um Widerspruch zu provozieren, gehen regelmäßig fehl – das vermerken besonders die vielen Deutschen, die an österreichischen Universitäten arbeiten und ganz andere Auseinandersetzungsformen gewöhnt sind. Jede noch so kleine Kritik muß mit umständlichen Huldigungsformeln eingeleitet und abgefedert werden. Die Österreicher beklagen selbst den »vorauseilenden Gehorsam« als ihr nationales Laster. Vor einigen Jahren führte dieses Laster zum Sturz eines liberalen Politikers. Er hatte ein Seminar geleitet, bei dem ein Referent von »natürlichen« rassistischen Reflexen schwadroniert hatte. Statt dem Gast zu widersprechen, steuerte der Politiker – wider besseres Wissen – die angebliche Erfahrung bei, daß weiße Babys beim Anblick eines schwarzen Gesichts zu weinen anfingen. Mit Höflichkeit läßt sich das nicht mehr erklären. Man geht weit, um einem Streit auszuweichen. Paare leben jahrelang in völliger Harmonie zusammen, und der erste Streit führt zum endgültigen Bruch – auch das ist, auch wenn es sich leider nicht statistisch belegen läßt, ein vertrautes österreichisches Muster.

Wer sind also die devoteren Untertanen, die konfliktscheuen

Bittsteller beim Amt: Bürgerfreundliche Öffnungszeiten sind eine Seltenheit.

Österreicher oder die ruppigen Deutschen? Die Frage läßt sich nicht beantworten. Obrigkeitshörig sind wohl, etwa im Vergleich zu weiter westlich lebenden Europäern, die einen wie die anderen. Aber sie sind es auf je andere Art. Deutsche Untertanen schenken ihre Loyalität nicht einfach einem Beamten, sondern dem Staat, den sie nach den Traditionen der preußischen Philosophie für die Verkörperung des Allgemeinen halten. Diesem Allgemeinen haben alle zu dienen – man selber ebenso wie der Beamte, der einem gegenübersitzt. Kleists Prinz von Homburg wurde vom Kurfürsten begnadigt, nahm das Verdikt aber nicht an: Wo kämen wir da hin, wenn einer Gnade vor Recht ergehen lassen würde? Wehe der Beamte verstößt gegen die Prinzipien, die ihm seine Autorität erst verleihen! Dann wird aus dem eben noch so ehrfürchtigen Amtsbesucher ein Rebell, der kompromißlos und bis zur Selbstvernichtung gegen das Unrecht ficht. Michael Kohlhaas ist der Bruder des Prinzen von Homburg – der eine wurde eben gerecht, der andere ungerecht behandelt. In Österreich dagegen klagt man nicht gegen die Obrigkeit, man ringt ihr höchstens etwas ab. Die Verwaltungsgerichte haben, umgerechnet auf die Bevölkerung, nur halb so viele Verfahren wie deutsche.[2] Dabei hat sich die Zahl in den neunziger Jahren schon verdreifacht,[3] vorher gab es neben einem einzigen, zentralen Gerichtshof nur innerbehördliche Schiedsstellen. »Mir wer'n kan Richter brauchen« – die in ganz Österreich verbreitete Redensart sagt nicht nur über die stete Bereitschaft zum Ausgleich und zum Verhandeln etwas aus, sondern auch über die Scheu, sein Verhältnis mit der allmächtigen Umwelt vor dem Richter in die Waagschale zu werfen.

Deutsche neigen dazu, sich bedingungslos abstrakten Prinzipien zu unterwerfen, die sie für allgemeingültig halten. Die deutsche Hausfrau, der jemand Fremdes unbedingt den Wäscheschrank kontrollieren will, gewährt dem Kontrolleur im Interesse einer abstrakten Weltwäschereinheit, der beide sich verpflichtet fühlen, Zutritt in ihre Wohnung. Österreicher halten so etwas mit Recht für Unsinn; das haben sie nicht mit den Deutschen, aber mit den meisten anderen Völkern gemein. Wenn die staatsneurotischen Deutschen an eine Behörde schreiben, tun sie es – bei hundertprozentig korrekter Angabe der Abteilung, des Aktenzeichens und der Geschäftsnummer – »unter Bezugnahme auf« oder »im Nachgang zu«. Sie werden selbst zur Behörde. Österreicher dagegen beugen den Rücken und fragen: »Geh' bittschön, können S' so lieb sein und mir da grad bitte einen kleinen Stempel geben?«

Der Beamte ist für den Deutschen bloß eine wandelnde Vorschrift. Österreicher werden von Landsleuten auch hinter Behördenschreibtischen immer erst als Menschen wahrgenommen. Das hört sich sympathisch an, ist es aber nicht immer. Einem Beamten um den Bart gehen, ihm kleine Aufmerksamkeiten zukommen lassen oder ihm schmeicheln, wie man es hier gern tut – das waren wir nicht gewöhnt. In Schulen ist es üblich, daß Eltern den Klassenlehrern zu Weihnachten und zum Schuljahresende Geschenke machen. Nach allgemein bekannter Regel werden nicht die beliebtesten und engagiertesten Lehrer am reichsten bedacht, sondern die gefürchteten. Österreicher dienern nicht vor Prinzipien, sondern vor den Mächtigen.

Der Staat ist in Österreich nicht Ausdruck irgendeiner Idee. Niemand hat ihn gegründet, er war immer schon da. Der Staat ist nicht einfach eine von mehreren gesellschaftlichen Sphären und erst recht nicht das Gegenstück zur Gesellschaft, er ist vielmehr ihr organisatorisches Rückgrat und Skelettsystem und weist jedem seinen höheren oder niedrigeren Rang zu. Der Staat sind wir alle, ein jeglicher an seinem Platz. Erfolgreiche Kaufleute werden zu »Kommerzialräten« ernannt, freiberufliche Ärzte zu »Medizinalräten« und so symbolisch in die staatliche Hierarchie aufgenommen. Der Bischof und der Landeshauptmann, die Parteien, die Polizei und die Freiwillige Feuerwehr, alle sind sie gleichermaßen der Staat.

Vor dem Hintergrund unserer deutschen Erfahrungen verlangen wir von den Behörden noch immer kalte Gerechtigkeit und klare Bescheide, mit denen der Staat sich uns gegenüber zu legitimieren hat. Der Staat ist die Sphäre des Rechts, die Gesellschaft die Sphäre der Interessen und der Macht. Der Gesellschaft dagegen lassen wir in Deutschland einiges durchgehen – mag uns der Vermieter betrügen, spätestens der Richter wird uns helfen. In Österreich wird da nicht groß unterschieden. Es geht hier wie da um Macht und um Recht zugleich. Immer noch machen wir in Österreich den Fehler, uns im Umgang mit der Behörde erst einmal nach unseren Rechten zu erkundigen. Eine grundsätzliche, abstrakte Antwort gibt es nie. Man muß immer erst seinen »Fall« schildern – der wird dann so oder so, und meistens gnädig, beschieden. Schriftliche Auskünfte gibt es schon gar nicht. Bevor unser Sohn geboren wurde, erkundigten wir uns, in welchem Krankenhaus der Vater bei der Geburt dabeisein könne. Die Frage stieß auf Unverständnis. »Man kann über alles reden«, entgegnete der Chefarzt einer Klinik – ein programmatischer Satz. Behörden wollen von Rechtsansprüchen, öffentliche Einrichtungen von klaren Regeln nichts wissen. Wozu bräuchte es sonst den Chefarzt?

Alles ist möglich, wenn man nur will, alles ist verhandelbar – im zwischenmenschlichen Umgang ist das ein sympathischer Grundsatz. Im Umgang mit Behörden führt er aber dazu, daß der Bürger sich dem Staate als Bittsteller nähert. Die Behörde ist zwar in der Regel milde und haßt es, wie deutsche Behörden es oft tun, einfach auf stur zu schalten. Aber sie legt Wert darauf, auch anders zu können. Die meisten Bürger finden zum Amt irgendwie einen besonderen Zugang: auf dem Land über persönliche Bekanntschaft, in der Stadt durch den Magistertitel, durch die Cousine des Schwagers oder durch charmantes Auftreten. Der Rest kommt früher oder später in den Genuß behördlicher Gnade. Das System funktioniert, aber es führt zu Neid und schlechter Laune. Denn den Vorteilen, die jeder einzelne nimmt, stehen die Vorteile, die alle anderen nehmen, als Nachteil gegenüber. So hat jeder Grund, sich von den Behörden benachteiligt zu fühlen.

Ein emphatisch gepriesenes »Grundgesetz« mit Präambel, dem Bekenntnis zur Würde des Menschen, dem berühmten Katalog der Grundrechte und aus der Feder ehrwürdiger »Verfassungsväter«, deren Willen wir Heutigen zu ergründen haben, braucht es in einem Staat, der sich von selbst versteht, nicht zu geben. Das österreichische »Bundes-Verfassungsgesetz« (B-VG) ist entsprechend ein Sammelsurium von vorwiegend technischen Bestimmungen, die unter der Führung des Staatsrechtslehrers Hans Kelsen 1920 erstmals in ein einheitliches Gesetz gegossen wurden. Teile der Verfassung, etwa das Staatsbürgerschaftsrecht, stammen zur Gänze aus dem Jahr 1867 und sind auch in der historischen Formulierung erhalten. Die ewige Große Koalition der Nachkriegszeit übte sich darin, selbst die allernebensächlichsten Bestimmungen in die Verfassung aufzunehmen. Hatten SPÖ und ÖVP – zum Beispiel über die Taxifahrerverordnung – einen Kompromiß gefunden, wollten beide sicherstellen, daß die je andere das Gesetz nicht mit Hilfe der dritten Partei im Parlament wieder abschaffen konnte. Also erhob man die Bestimmung zum »Verfassungsgesetz«, was bedeutete, daß Änderungen nur mit Zweidrittelmehrheit möglich waren. So wurden Kompromisse nicht nur gegen wechselnde Mehrheiten betoniert, sondern auch der juristischen Prüfung entzogen. Den Verfassungsrichtern blieb – anders als in Deutschland – stets nur eine Statistenrolle. Sowieso ist es in Österreich viel schwerer, gegen ein Gesetz zu klagen – das Recht dazu haben fast immer nur Organe, die von den gleichen Parteien dominiert werden wie schon der Gesetzgeber. Das kann kuriose Folgen haben: Eigentlich wird für eine Verfassungsänderung eine Zwei-Drittel-Mehrheit benötigt. Wird sie aber bloß mit 51prozentiger Mehrheit beschlossen und gesetzwidrigerweise trotzdem durchgeführt, können die betrogenen 49 Prozent der Abgeordneten nicht dagegen klagen.[4] Fälle, daß die Regierung einmal vor den Verfassungsrichtern gezittert hätte, lassen sich an den Fingern einer Hand abzählen.

Staat und Gesellschaft fallen im Bewußtsein der Österreicher zusammen. Die Menschen nehmen einander als staatliche Funktionsträger wahr und drücken das schon in der Anrede aus. Nicht nur Kinder und Jugendliche, die von Staats wegen »beschult« werden und damit, wenn man so will, im Staatsapparat eine Rolle haben, reden ihre Gymnasiallehrer mit »Herr« oder »Frau Professor« an. Auch Eltern tun das. Die Anrede gilt auch für Studenten, die übungshalber an Schulen unterrichten und kaum älter sind als die Schüler – und denen naturgemäß kein besonderer Respekt entgegenschlägt. Ein

Schulleiter ist nicht nur für Lehrer und Schüler, sondern auch für Eltern und alle anderen der »Herr Direktor«. Deutsche, die einem System wie der Schule oder dem Gesundheitswesen entgegentreten, tun es, auch wenn sie sich dabei oft überheben, von Subjekt zu Subjekt – hier ich, da das System. Österreicher dagegen ordnen sich in das jeweilige System ein. Ein »Herr Hofrat« erwartet diese Anrede für höhere Beamte nicht nur von anderen, niedriger gestellten Beamten, sondern auch von den Bürgern, mit denen er zu tun hat. Er ist ja irgendwie unser aller Chef. Da Zivilisten, die dem System fernstehen, unmöglich die passenden Funktionsbezeichnungen alle parat haben können, verwenden sie gern vorsorglich einen möglichst wohlklingenden Titel, sagen »Frau Direktor« oder wenigstens »Herr Doktor«, was sich in unseren Ohren wie böser Spott anhört. Aber jemanden so anzusprechen ist in Österreich nicht schon an und für sich servil; die Servilität kommt häufig noch gesondert hinzu. Man kann das System individuell nicht durchbrechen. »Anfangs habe ich meinen Studenten und Mitarbeitern gesagt, sie sollen mich mit dem Namen anreden«, erzählt ein in Österreich lehrender deutscher Professor. »Aber da wurden sie unverschämt.«

Gesellschaftliche Stellung wird – ähnlich wie in Deutschland, aber weit extensiver – auch durch die Verwendung akademischer Grade ausgedrückt, und zwar auch in außerberuflichen Zusammenhängen. Der Magistertitel, der mangels eines Staatsexamens von allen Hochschulabsolventen erworben wird, erscheint auf Visitenkarten und Briefbögen und wird regelmäßig zur Anrede benützt. Mit persönlichem Konservatismus hat das nichts zu tun, selbst der Vorsitzende der Kommunistischen Partei Österreichs meldet sich am Telefon mit »Magister Baier«. Zwei Ärzte reden einander mit »Herr Doktor« an und verzichten damit lieber auf die Unterscheidungsfunktion der Anrede, als die Titel einfach wegzukürzen. Begrüßungen der »Frau Diplom-Psychologin«, des »Herrn Diplom-Kaufmann« oder »Diplom-Ingenieurs« werden von niemandem als lächerlich empfunden. Vor nackten Familiennamen als Anrede herrscht eine regelrechte Scheu. Meine Visitenkarte ist titelfrei, was Gesprächspartner in Verlegenheit stürzen kann. Ein linker Anwalt in Wien, den ich interviewen wollte, studierte die Karte gründlich, setzte sich sogar die Brille auf, schaute schließlich auf die leere Rückseite und nannte mich dann in seiner Not »Herr Redakteur«. Ich wies ihn darauf hin, daß ich gar keiner sei. Da fragte er mit verzweifeltem Mut: »Ja, wie soll ich denn zu Ihnen sagen?« Auf die Idee, mich mit meinen Namen anzureden, war er gar nicht gekommen.

Deutsche neigen dazu, die Titelei mit Standesdünkel gleichzusetzen – was nicht statthaft ist. Zwar gibt es noch ansehnliche Reste vorbürgerlichen Kastenwesens: Wer ein Hochschulstudium abgeschlossen hat, nennt sich »Akademiker« und übt sich in schichtspezifischen Riten; die Erhebung in den Stand des Magisters heißt »Sponsion« und wird feierlich begangen, und wer gerade kein Namensschild mit dem Titel am Kleid oder Anzug trägt, setzt sich vom gemeinen Volk durch eingestreute lateinische Wendungen wie »quidproquo« oder »ceteris paribus« ab – ein Verhalten, das in Deutschland bei unter 80jährigen Heiterkeit auslöst. Aber die Kasten lassen sich im persönlichen Kontakt erheblich leichter überwinden als etwa im aristokratischen England. Der Weg von der »Frau Doktor« zum Du ist im allgemeinen kurz. Er führt nur niemals über die gewöhnliche »Frau Mayr«. Professioneller Umgang von gleich zu gleich, wie er in der Nachname-plus-Sie-Anrede sich ausdrückt, hat noch immer den Geruch von Egalität und damit von Revolution. Im persönlichen Gespräch dagegen wirkt »Frau Mayr« steif. Deshalb dürfen sich Österreicher und Deutsche mit Recht gegenseitig für förmlich halten: Die Österreicher wundern sich über Deutsche, die sich im Biergarten siezen, die Deutschen dagegen über Österreicher, die sich am Telefon gegenseitig mit »Herr Magister« anreden. Entweder man verwendet Titel in Österreich, oder man duzt sich. Entweder man wähnt sich in höherer oder niedrigerer Position, oder man kennt sich persönlich. Der deutsche Normalfall der Anrede ist selten und wird nicht verstanden. Am Telefon oder im Geschäft würde niemand »hallo« oder »tschüs« sagen – saloppe Allerweltsformeln verbieten sich in einer Gesellschaft, wo jeder seinen Platz hat. Das typisch österreichi-

Studentenleben: Brave »Sponsionsfeiern« sind häufiger als Protestaktionen.

sche System der Anreden steht übrigens – im Unterschied zum Parteienproporz und zur Sozialpartnerschaft – noch immer in voller Blüte. Eine Herausforderung muß es derzeit mit der modernen E-mail-Kommunikation meistern. Für Titel ist in der E-mail-Adresse ja kein Platz. Die meisten behelfen sich mit einem vagen »Sehr geehrter Herr Kollege« oder »Frau Kollegin«.

Autoritäre Muster, auf die man aus der exzessiven Titelmanie schließen könnte, sind in Österreich tatsächlich stärker verbreitet als in Deutschland – was man manchmal kaum merkt, denn so steil die Hierarchien sind, so sanft und souverän sind die Hierarchen. Wer Formen, Manieren und Sekundärtugenden wie Fleiß, Sauberkeit und Pünktlichkeit propagiert, ordnet sich in Deutschland politisch ein, während er in Österreich nur eine kulturelle Selbstverständlichkeit ausspricht. Man würde in Köln, Hamburg oder Berlin Kinder kaum anhalten, Erwachsenen die Hand zu geben, »Grüß Gott« (oder »Guten Tag«) zu sagen und sich für das unverlangt geschenkte Bonbon an der Supermarktkasse artig zu bedanken. Natürlich gibt es keine »Tanten« mehr im Kindergarten, Schüler stehen nicht auf, wenn der Lehrer in die Klasse tritt – während in manchen österreichischen Schulen sich sogar die Lehrer erheben, wenn der Herr Direktor im Türrahmen erscheint. Daß ein fast ausschließlich männlicher Gemeinderat darüber debattiert, ob er einer alleinerziehenden Mutter einen Zuschuß für die Kinderfrau gewähren soll oder ob sie nicht besser gleich zu Hause bei ihrem Kind bleibt, würde in Deutschland wohl als skandalös empfunden.

Unsere Tochter war als gelernte Österreicherin von den wenigen Besuchen in deutschen Kindergärten und Grundschulen immer wieder entsetzt. Dort herrsche das pure Chaos, meinte sie: Die Kinder faßten sich nicht am Händchen, wenn sie in die Klasse gingen, sagten Du zur Frau Lehrerin und zogen auch keine Pantoffeln an. Bis zur Matura, dem Abitur, werden die Schüler in Österreich einseitig geduzt; dann erscheinen, wie in Deutschland zuletzt in den frühen sechziger Jahren, die Mädchen im Kostüm und die Jungen im dunklen Anzug zur Prüfung. In der letzten Klasse wird der »Matura-

Ball« gefeiert, eine Imitation des Wiener Opernballs mit lauter Smokings und Abendkleidern, wo auch die Jungen schwarz und die Mädchen lang tragen und Walzer oder Foxtrott tanzen. Niemand schlösse sich da aus. Traditionell pflegen die Abiturienten auf dem Ball mit der Klassenlehrerin, der »Frau Professor«, Brüderschaft zu trinken – eine echt österreichische Brechung der förmlichen Atmosphäre.

Lehrer, die von Deutschland nach Österreich ziehen, bestätigen, daß hier noch viel mehr auswendig gelernt wird. Dozenten klagen über die Mitschreibewut und die mangelnde Kritikfähigkeit der Studierenden. Krönung einer Bildungskarriere ist die Promotion »sub auspiciis Praesidentis rei publicae (»unter der Führung des Präsidenten der Republik«), eine Ehre, die einem dann zuteil wird, wenn man von der neunten Schulklasse an bis zur Doktorprüfung immer nur Einsen bekommen hat – eine glänzende Einübung in die Kriecherei. Wer aus Deutschland kommt, vermißt in Österreich die Spuren der Studentenbewegung. Eine Erziehung und Selbsterziehung zum Ungehorsam, wie sie in Deutschland lange *en vogue* war, hat in Österreich nicht stattgefunden. Die antiautoritäre Bewegung, die um das Jahr 1968 – mit unterschiedlichen Inhalten – so verschiedene Länder wie Deutschland und Frankreich, die USA und die Tschechoslowakei, die Niederlande und Jugoslawien erfaßte, fand in Österreich nur einen schwachen künstlerisch-avantgardistischen und gar keinen politischen Ausdruck. Die Zeithistoriker sprechen lediglich von einer »heißen Viertelstunde«[5]. Nicht einmal die »Wende« von der ÖVP zur SPÖ 1970 war Folge einer großen Wählerbewegung. Die Hochschulen waren und blieben konservativ, auch wenn in jenen Jahren die wenigen Linken, die es dort gab, historischen Rückenwind spürten. Um das Jahr 1968 herum kämpften sozialistische Studenten gegen einen nazifreundlichen Dozenten; bei einer Demonstration 1967 wurde ein alter Kommunist von einem jugendlichen Rechtsradikalen totgeschlagen. Eine »Studentenbewegung« wurde nicht daraus.

In Westdeutschland eroberten linke Gruppen Ende der sechziger, Anfang der siebziger Jahre so gut wie alle Studentenvertretungen, ASten und Fachschaften und behielten sie über dreißig lange Jahre. Den »Antiautoritären« folgten die »Dogmatiker« und schließlich die »Spontis«, an der linken Hegemonie änderte sich nichts. An neu gegründeten »Reform-Unis« erfaßte die Kulturrevolution rasch den Lehrkörper. Die bürgerlichen Parteien verloren entweder ihre Jugendorganisationen oder diese ihren Einfluß unter den Studenten. Die studentische Linke von damals prägte eine ganze Generation und dominiert heute als »neue Mitte« das Land. Ihre Gewißheiten in der Gesellschafts- und Rechtspolitik sind Gemeingut und finden in fast allen Medien Rückhalt. Auch wenn vom »sozialistischen« Impuls der 68er Jahre wenig geblieben ist, tritt man für die Schwulenehe und gegen Ausländerfeindlichkeit ein.

Österreich hat keine »neue Mitte«, weil es nie eine nennenswerte studentische Linke hatte. Die ideologischen Scharmützel der wenigen Klein- und Kleinstgruppen und Fraktionen, der »Spontis«, »Reformsozialisten«, »Maoisten« oder »Trotzkisten«, reichten gerade aus, die SPÖ und später die Grünen mit Personal auszustatten. Das meiste spielte sich im »Verband sozialistischer Studenten Österreichs« (VSStÖ) ab, der anders als der deutsche SDS[6], mit der Mutterpartei immer verbunden blieb. Das landesweite Studentenparlament der »Österreichischen Hochschülerschaft« ist seit seiner Gründung fest in der Hand der Konservativen – der »Österreichischen Studentenunion« und der aus ihr hervorgegangenen »Aktionsgemeinschaft«, die der ÖVP nahestehen. Nur der Anteil des FPÖ-nahen »Rings Freiheitlicher Studenten« ist von 30 auf inzwischen 5 Prozent gefallen. Hochschulabsolventen behalten ihr Wahlverhalten in der Regel ein Leben lang bei, auch wenn sie sich von schlechter Ausgebildeten durch liberalere Standpunkte unterscheiden. Lehrerkollegien sind, wie auch die Lehrergewerkschaften, meistens konservativ.

Der beharrende Geist im österreichischen Bildungswesen hat der Qualität nicht meßbar geschadet. Es gibt inzwischen, wenn auch mit erheblicher Verspätung, eine ähnlich hohe Quote von Hochschulabsolventen wie bei den EU-Partnern. In einer großen amerikanischen Studie, mit der das Niveau der mathematischen und naturwissenschaftlichen Kenntnisse von

Schülern aus 42 Ländern verglichen wurde, schnitt Österreich deutlich besser ab als der nördliche Nachbar: In Mathematik liegen die Österreicher auf Platz 12, die Deutschen auf Platz 24 – hinter Rußland, Irland und Thailand, in den Naturwissenschaften landeten die Österreicher ebenfalls zehn Plätze weiter vorn.[7]

Am unangenehmsten haben wir die autoritären Gebräuche im Gesundheitswesen empfunden. Der Arzt ist noch immer der Vorgesetzte des Patienten. Krankenkassen vertreiben »Krankenordnungen« mit Verhaltensmaßregeln für ihre Mitglieder, die zu Hause krank geschrieben sind: »Hat der Arzt Bettruhe angeordnet, ist diese einzuhalten«,[8] heißt es dort zum Beispiel ganz unbefangen. Ein »Krankenbesuchsdienst«, der umgangssprachlich »der Kontrollor« genannt wird, muß von Rechts wegen in die Wohnung gelassen werden, wo er an der Tiefe der Betteindellung oder der Temperatur unter der Decke feststellen kann, ob die Anordnung befolgt wurde.[9] Auf dem Lande ist der Arzt oft zugleich der Apotheker: Das Medikament, das er verordnet, händigt er auch persönlich aus – der emanzipatorische Augenblick, in dem der Patient selbst entscheidet, ob er das Zeug kauft oder nicht, entfällt. Der Arzt im Krankenhaus ist es nicht gewöhnt, mit seinen Patienten auf Augenhöhe zu diskutieren: Er tritt väterlich-milde oder streng auf, wenn er auf Widerspruch oder nur hartnäckiges Nachfragen stößt, hält sein Gegenüber für einen potentiellen Kläger und schaltet auf stur. In großen Landeskliniken hängt, jeden Datenschutz und die ärztliche Schweigepflicht grob mißachtend, an jedem Bett für jedermann sichtbar eine große Tafel, auf der Name, Diagnose und Therapieanordnung verzeichnet sind. Auch viele niedergelassene Fachärzte pflegen noch immer einen feldwebelhaften Umgang mit ihren Patienten, lassen sie über Befunde im unklaren und vergeben schon gar keine Termine. Konkurrenz müssen sie nicht fürchten: Die großen Krankenhäuser haben für Kassenpatienten eine Monopolstellung, und auch die Facharztdichte wird von den Kassen so gesteuert, daß Patienten außerhalb großer Städte kaum eine Auswahl haben.

Begegnungen außerhalb der familiären oder nachbarlichen

Sphäre tendieren dazu, in den Einflußbereich des Staates zu geraten. Sie finden quasi zwischen Vorgesetzten und Untergebenen, Amtspersonen und Zivilisten statt. Die horizontal strukturierte Sphäre der Gesellschaft, in der die Menschen Geschäfte miteinander treiben, Meinungen austauschen und Gruppen bilden, ist dagegen klein. Ein Vermieter und ein Wohnungssuchender können keinen Mietvertrag schließen, der nicht auf einem vorgedruckten Formular stünde und anschließend vom Amt mittels Stempelmarken bestätigt würde. Autos von Privat an Privat zu verkaufen ist zwar nicht direkt verboten, hat aber den Geruch von Halbwelt und Mafia. Käufer und Verkäufer müssen sich zur Beglaubigung gemeinsam an einem Vormittag im Gerichtsgebäude einfinden, um unter den strengen Augen des Gesetzes den Vertrag zu unterzeichnen – der Staat kanalisiert den Geschäftssinn seiner Bürger wie mit der amtlichen Eheschließung deren Sexualität. Die Prozedur läßt sich vermeiden, wenn man seinen Gebrauchtwagen in einem Autohaus kauft, das als staatlich geprüfte Kraftwagenabgabestelle somit die Funktion einer Behörde bekommt. Auf diese Weise wird aus dem horizontalen Kaufakt eine Beziehung von oben und unten.

Die beiden expansiven Sphären, die offizielle der Titel und Funktionen und die private des Du, lassen der mittleren, gesellschaftlichen wenig Raum. Alltägliche Geschäfte bekommen nicht nur leicht einen halbstaatlichen, sondern ebenso leicht auch einen persönlichen Charakter. Das äußert sich zum Beispiel in den zahlreichen Rabatten, die in Dörfern und Kleinstädten gern gewährt werden. In einem Geschäft unseres Ortes bekommt jeder, je nach Stellung, ohne danach zu fragen, seinen individuellen Nachlaß – der unbekannte Laufkunde den geringsten, wir als Ansässige einen besseren und, wer weiß, die weitläufige angeheiratete Familie und die Mitglieder des Gemeinderats wahrscheinlich den besten. Der reine, kalte Warenverkehr wird gern ein wenig persönlich erwärmt; auch Geschäfte werden zwischen Bittstellern und Erpressern, großzügigen Patriarchen und demütigen Gnadenempfängern geschlossen. Die Schriftform wird gemieden; sie ist der Behörde vorbehalten. Ein österreichischer Freund, der mit Firmen in

Deutschland Geschäfte macht, erzählte uns einmal, wie entsetzt er war, als sein Partner in Hamburg bei einer Unklarheit den Vertrag hervorholte. »Da bin ich ganz bleich geworden«, sagte er. »Bei uns in Österreich holt man den Vertrag nur hervor, wenn man ihn kündigen will.«

Die Wirtschaft, auf die die Deutschen so besonders stolz sind, funktioniert in Österreich vielleicht nach anderen Gesetzen, aber sie funktioniert gut, sogar besser als in Deutschland. Das Bruttoinlandsprodukt pro Kopf hat 1999 das deutsche überholt; die Einkommen waren dagegen, wegen der höheren Staats- und Sozialquote, etwas niedriger. Österreicher haben etwas weniger Autos oder Festnetz-Telefonanschlüsse als Deutsche, aber mehr Internet-Anschlüsse, mehr Handys und mehr Wohneigentum. Von einem technologischen Rückstand gegenüber dem deutschen Nachbarn ist in keiner Branche etwas zu spüren. Das auch im Lande selbst gepflegte Vorurteil, es lebten hier vor allem unkündbare Beamte[10], trifft ebensowenig zu wie der beliebte Schmäh, in Österreich würde außer Mozartkugeln und einer urinfarbenen Limonade namens Almdudler nichts produziert: Zwar gibt es, wie in einem kleinen Land nicht verwunderlich, relativ etwas mehr Staatsbedienstete als in Deutschland, aber doch deutlich weniger als etwa in Frankreich. Das Mißverständnis rührt aus dem höchst unterschiedlichen Verhältnis von Staat und Zivilgesellschaft und dem hohen Ansehen, das Beamte genießen. Man ist nicht unbedingt Teil der Staatsgewalt, wäre es aber gern. Der direkte Weg nach oben verläuft über den Staatsdienst; wer als Unternehmer oder Freiberufler reich wird, stößt nur über einen Umweg zur Spitze vor. Die Selbständigenquote ist sogar um ein Zehntel höher als in Deutschland, die Bauern mit eingerechnet.

Österreich ist, wenn man die Zahlen sprechen läßt, nicht das Land der Beamten, auch nicht das der großen Konzerne und starken Marken, sondern das Land der erfolgreichen Klein- und Mittelbetriebe – ein Umstand, der nicht nur die Wirtschaft, sondern die ganze Kultur prägt. Der typische Unternehmer legt mehr Wert auf seine Stellung in der Gesellschaft seiner Stadt und seines Bezirks als auf seinen Gewinn. Er ist

Wirtschaftsleben neu: Jungunternehmer in einem Gewerbepark bei Wien.

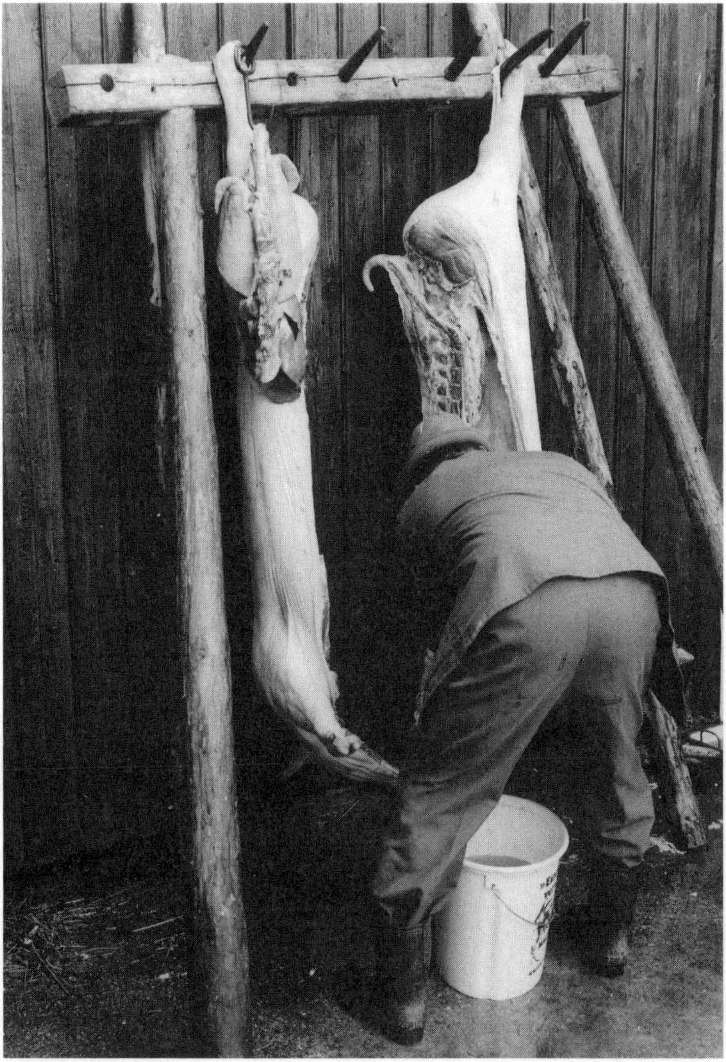

Wirtschaftsleben alt: Bauer in Niederösterreich beim Ausnehmen eines Schweins.

selbst ein Stück Staat, spürt soziale Verantwortung, spendet für die Blasmusikkapelle, wird dafür beim Adventskonzert persönlich begrüßt und bringt es mitunter zum Bürgermeister oder zum zweiten Nationalratspräsidenten. Er kämpft auch mit harten Bandagen gegen die Konkurrenz, die sich im exportorienierten Österreich aber vorwiegend im Ausland befindet. Das soziale Klima im Lande ist von legendärer Friedfertigkeit. Streiks gibt es nicht,[11] Massenentlassungen sind unbekannt. Ein Unternehmer in Österreich kann nicht 1000 Leute entlassen, auf dem Werksgelände ausgepfiffen werden und abends in den Golfclub gehen, wo die anderen Herren einem gerade für den bewiesenen Mut besonderen Respekt erweisen. Den Golfclub gibt es nämlich kaum, und im Männergesangverein wird anders gedacht. Die Arbeitslosigkeit liegt deutlich niedriger als in jedem anderen westlichen Industrieland, Zwergstaaten ausgenommen. Die Produktivität ist sehr hoch, die wenigen alten Industriegebiete haben den Strukturwandel bewältigt. Kleine, feine High-tech-Firmen produzieren Chips oder Bordcomputer für Autos. Siemens läßt in Österreich erfolgreich forschen, Philips entwickelt hier zum Beispiel Spracherkennungssysteme. Sein gediegener Reichtum würde das Land zu einer wirtschaftlichen Großmacht machen, wenn es von seinem nordwestlichen Nachbarn nicht so abhängig wäre. Die sozialdemokratisch geführten Regierungen hatten stets noch versucht, strategische Beteiligungen zu halten oder mächtige österreichische Konsortien aufzubauen. Seit der Rechtswende des Jahres 2000 ist von einem solchen Bestreben nichts mehr zu spüren. Mag Österreich sich politisch isoliert haben, wirtschaftlich hat es sich sogar noch weiter geöffnet.

Bis vor kurzem gehörte der wichtigste Bereich der Wirtschaft auch formal zum Staat. Der größte Teil der Industrie, der Banken und der Versicherungen war in öffentlicher Hand. Ihrer Geschichte nach hatte die hohe Staatsquote weder mit der Neigung zu alles integrierender Macht noch mit sozialistischer Ideologie zu tun, sondern sie entstand aus dem Drang und Zwang zu nationaler Selbstbehauptung. Der Staat erbte nach dem Kriege mit Zustimmung der Alliierten das »deut-

Wirkungen des EU-Marktes: Durch die Brüsseler Regulierung des Agrarsektors mußten zahlreiche kleinere Molkereien schließen; Protestaktion bei den VOEST-Alpine-Stahlwerken gegen den Abbau von einem Drittel der Stellen.

sche Eigentum« – die meisten großen Betriebe im damals noch ländlich-rückständigen Österreich gehörten Firmen aus dem industrialisierten und viel kapitalstärkeren Deutschland. Was die Monarchie in der Gründerzeit an Industrie geschaffen hatte, lag zum größten Teil in Böhmen und gehörte jetzt zur Tschechoslowakei. Nach dem Anschluß von 1938 hatte das »Reich« in der »Ostmark« mit dem planmäßigen Aufbau einer Industrie begonnen. Linz, die »Patenstadt des Führers«, bekam die stahlproduzierenden »Hermann-Göring-Werke«. Die vorwiegend staatliche Industrie der Nachkriegszeit schuf sich zwar eine große Zahl von privaten Zulieferfirmen, brachte aber keine *global players* hervor.

Seit 1993 ist der größte Teil der Industrie privatisiert worden, das Zulieferverhältnis der österreichischen Wirtschaft blieb aber erhalten. Besonders wichtig für Österreich ist dabei die europäische und besonders die deutsche Autoindustrie: Bei der Steyr-Fahrzeugtechnik werden Jeeps für Chrysler gefertig, der kanadische Magna-Konzern baut Saab-Kabrios und Mercedes-Allradwagen zusammen. In dem steirischen Kleinstädtchen Voitsberg werden Remus-Auspuffanlagen hergestellt, in Wien-Aspern Motoren für General Motors. Die Forschungs- und Entwicklungsfirma AVL hat aus der ganzen Welt 1800 Wissenschaftler nach Graz geholt und führt weltweit bei Computertechnologie für Autos. Daß in Österreich so intensiv den deutschen Auto-Riesen zugearbeitet wird, ist allerhöchster Intervention zu verdanken. Bruno Kreisky argumentierte gegenüber Bonn, daß die Österreicher massenhaft deutsche Wagen kaufen, und drohte mit dem Aufbau einer eigenen Produktion. Noch immer sind mehr als 52 Prozent aller Autos in Österreich deutsche Fabrikate. Österreicher wissen in der Regel, welcher Teil ihres Autos bei ihnen hergestellt wurde, und partizipieren so am deutschen Markenstolz. Übrigens ein typisch deutsch-österreichisches Phänomen: Bundesligaclubs wie den 1. FC Köln, bei denen auch Landsleute mitspielen, nennt man hier »die Österreicher-Clubs«. Besonders in der Wirtschaft und so »modernen« Lebensbereichen wie dem Sport hat sich in Österreich eine Art partizipierender Nationalstolz entwickelt, der sich auf den Anteil Österreichs an deutschen Erfolgen richtet. Jeder im Lande kennt den VW-Manager Ferdinand Piëch, einen Österreicher, und im kärntnerischen Gmünd steht ein Ferdinand-Porsche-Museum.

Inzwischen ist auch das »deutsche Eigentum« in Österreich wieder stark. Finanzkräftige Deutsche schlagen zu, wenn privatisiert wird oder große Firmen zum Verkauf stehen – österreichische Mittelständler können da selten mithalten. Billa, die größte Einzelhandelskette, gehört der deutschen Rewe, die Bank Austria, Marktführer im Finanzsektor, wurde an die bayerische Hypo-Vereinsbank verkauft. Auch andere europäische Konzerne engagieren sich gern in dem freundlichen, ruhigen und schönen Land. Die Österreicher lassen sich das achselzuckend gefallen, Widerstände gibt es nur in Sonderfällen. An den Geschäftssitten ändert sich nichts, denn im Management dominieren weiter Österreicher. Als der Wiener Möbelhersteller Thonet an einen deutschen Eigentümer ging, kochte die Volksseele, aber als die Bayern die größte Bank des Landes und damit ein gutes Stück Macht erwarben, blieb es still. Thonet nämlich stellt die berühmten »Wiener Kaffeehausstühle« her, die kein Piefke so schön hinbekäme – daß der Firmengründer aus Koblenz stammte, war in Vergessenheit geraten. Ums Geld dagegen dürfen sich gern die Deutschen kümmern, die man auch in Österreich allgemein für »tüchtig« hält; werden im Fernsehen Finanzdienstleistungen beworben, darf der vertrauenerweckende Experte gern mit bundesdeutschem Akzent sprechen.[12]

Österreicher ihrerseits expandieren nach Osten – mit Verbraucher- und Baumärkten, Ziegeleien, Banken und Versicherungen. Das West-Ost-Gefälle, das das Land früher prägte, hat sich nach der Ostöffnung ausgeglichen. In den großen Telekom-Geschäften der späten neunziger Jahre wie bei den fetten Privatisierungen in Osteuropa konnte Österreichs mittelständische Wirtschaft nicht mithalten. Mit der Größe des Landes hat das wenig zu tun: Die kleinere Schweiz hat große Pharmakonzerne wie Ciba-Geigy und Hoffmann-LaRoche, das halb so große Norwegen den Stahlkonzern Kvaerner. Aus dem kleineren Finnland kommen die Nokia-Handys, aus dem annähernd gleich großen Schweden die von Ericsson.

Österreich hat so etwas alles nicht. Die einzigen Akteure, die international mit Marktmacht aufwarten können, sind der Baustoffproduzent Wienerberger und die noch zu einem Viertel staatliche VOEST-Alpine Stahl, ein Nachfolger der Hermann-Göring-Werke. Die relative Schwäche der Wirtschaftssubjekte aber tut den Österreichern nicht nur nicht weh, sie hat vielmehr auch ihre Vorteile. Der Staat muß sich nicht von einzelnen mächtigen Konzernen erpressen lassen. Auf den Autobahnen gilt Tempo 130, und die Bahn darf mit dem Slogan »Schiene statt Blechlawine« für sich werben, der in Deutschland wohl als »autofeindlich« gälte. Auch weil die Krankenkassen kaum auf Pharma- und Geräteindustrie Rücksicht nehmen müssen, liegen die Gesundheitskosten deutlich niedriger. Wirtschaftsinteressen werden in Österreich zwar ebenfalls effizient, aber wesentlich geordneter vertreten als in Deutschland: im Rahmen der mächtigen Bundeswirtschaftskammer, in der die Klein- und Mittelständler dominieren und die große Industrie sich mit einem kleinen Teil der Macht bescheiden muß. Die Proportionen bleiben gewahrt: Kein arroganter Konzernchef kann auf den Herrn Bundespräsidenten herunterspucken.

Bei ihrem ausgeprägten Sinn für oben und unten nehmen die Österreicher die horizontalen Differenzierungen viel schwächer wahr. Religiöse Überzeugungen, politische Ansichten und Lebensstile unterscheiden sich zwar wie in Deutschland auch, aber sie tun es weniger scharf, und man nimmt sie nicht wirklich ernst. Auf sie, weiß man, kommt es nicht an. Ein Politiker, der seine Ansichten ausstellt, verkleidet nur seine Macht; ein einfacher Bürger, der leidenschaftlich politisiert, wirkt so lächerlich wie der Fußballfan, der sich in die Rolle des Nationaltrainers phantasiert. Nicht Meinungen, kulturelle Orientierungen oder gar Ideologien sind wichtig, wichtig ist letztlich nur die eigene Position im vertikalen Staatsgefüge.

Welche Interessen und Themen vorherrschen, läßt sich am Medienkonsum der Österreicher ablesen. Warum sollte man etwas lesen, was einen nicht interessiert? Zeitungen, die über die täglichen politischen Händel und Diskussionen an der

Reichweitenweltmeister: 45% der Österreicher lesen die Kronenzeitung.

Staatsspitze, in der Landeshauptstadt und gar in der eigenen Gemeinde informieren, sind eine Seltenheit. Es gibt im ganzen Land nur 17 Tageszeitungen, gegenüber 375 in Deutschland, 88 in der kleineren Schweiz und immer noch 19 in der östlicheren Slowakei – öder als in Österreich ist die Presselandschaft europaweit nur noch in Weißrußland, Kroatien und Moldawien.[13] Da man mit Zeitungen in Österreich nicht viel Geld verdienen kann, ist auch die Eigentümerstruktur eintönig: »Kronen-Zeitung« und »Kurier« gehören gemeinsam dem alpinen Medientycoon Hans Dichand und dem Essener WAZ-Konzern, »Presse« und »Kleine Zeitung« dem Grazer Styria-Verlag, hinter dem wiederum ein kirchennaher »katholischer Preßverein« steht. Die »Kronen-Zeitung«, der unbestrittene Marktführer, ist als Reichweitenweltmeister ein internationales Kuriosum: 42,5 Prozent der Österreicher lesen das Blatt mit seiner Auflage von fast 900000 – an zweiter Stelle folgt, weit abgeschlagen, der japanische Branchenriese »Yomiuri Shimbun«. In der »Krone« wird Politik gewöhnlich nach Art des Wetterberichts oder der Gesellschaftsspalte abgehandelt: Die neue Steuer »kommt« wie ein Tiefdruckgebiet, dieser oder jener Politiker »wird was«. Was man in der Saison gerade denkt, erfährt man von wenigen politischen Feuilletonisten, die sich mit den Tagesereignissen nur sehr selten auseinandersetzen. Obwohl bei seiner Gründung 1959 eine Erfindung des machtverliebten SPÖ-Politikers Franz Olah, der sich mit dem kongenialen Journalisten Dichand zusammengetan hatte, ist das Blatt weit nach rechts hin offen.

Den Platz zwei hinter der »Krone« belegt in Österreich »Täglich alles«, ein buntes Blatt, das sich der reinen Unterhaltung verschrieben hat, gar nicht mehr den Anspruch auf die dürftigste Aktualität erhebt und damit das Genre der Tageszeitung im Grunde sprengt. Auf den nächsten Plätzen folgen mit »Kleiner Zeitung« und »Kurier« zwei weitere, anspruchsvollere Boulevardblätter und erst dann einige wenige Regionalzeitungen, wie sie in Deutschland den Markt beherrschen. Die international zitierten landesweiten Tageszeitungen, die konservative »Presse« und der liberale »Standard«, führen mit Auflagen von 76 000 bzw. 63 000 auf dem Markt eine bescheidene Randexistenz. Schaut man hinter die Labels, verdüstert sich das Bild noch weiter: »Presse« und »Standard«, die informativsten Blätter, drucken täglich weniger als die Hälfte des redaktionellen Textes, den man in besseren deutschen oder Schweizer Regionalzeitungen finden kann, aber immer noch doppelt soviel wie die »Krone«.[14] Wochenzeitungen schließlich, in denen die politische Analyse und die Debatte im Vordergrund stehen, führen ein besonders kümmerliches Dasein – die katholische »Furche«, die kommunistische »Volksstimme« und das rechtsradikale Blatt »Zur Zeit« sind nur wenigen Insidern überhaupt bekannt.

Einzige Ausnahme ist der Wiener »Falter«, der aber auf die Stadt beschränkt ist und für seine jugendliche Leserschaft auch die Funktion eines Szeneblattes erfüllt.

Österreich-Hasser nehmen den Zeitungsmarkt gern zum Anlaß, ihren Landsleuten Stumpfsinn oder »sekundären Analphabetismus«[15] nachzusagen. Das ist falsch. Österreicher interessieren sich nur eben nicht besonders für Politik und Zeitgeschichte. Sie lesen aber mindestens genauso viele Bücher wie Deutsche und erheblich mehr als etwa Italiener. Der Buchhandel im engeren Sinne macht, gemessen an der Bevölkerung und unter Abrechnung der höheren Buchpreise, jedenfalls genausoviel Umsatz wie der deutsche – genaue Statistiken nach Sparten gibt es nicht. Belletristik geht gut, Sachbücher weniger. Von Buchhändlern kann man erfahren, daß die österreichischen Leser ihren nationalen Autoren treu sind: Sie lesen Gerhard Roth, Josef Haslinger, Christoph Ransmayr, nicht aber Martin Walser oder Ingo Schulze: Was sollten sie mit deren deutschnationalen Themen auch anfangen? Der qualitätsvolle Radio-Kulturkanal Österreich 1 und der intelligente Jugendsender FM 4 haben viel höhere Einschaltquoten als deutsche Pendants.

Reich und großzügig wird auch der Zeitschriftenmarkt, je weiter man vom Sektor der politischen Information wegkommt. »Der Schweizerbürger muß wissen, was in der Welt los ist, um seine Anlagefonds angemessen dirigieren zu können«, erklärt das Verhältnis der aus Basel stammende Wiener Rainer Münz. »Der Wiener dagegen muß wissen, wer bei

Hofe gerade wie angeschrieben ist und wen er wie ehrerbietig grüßen muß.« Neben »Profil«, dem Pendant zum deutschen »Spiegel«, und dem konservativeren »Format« hat sich ein weiteres Magazin etabliert. »News«, eine entfernt dem »Stern« verwandte »Nachrichtenillustrierte« neuen Typs, an der die deutsche Axel-Springer-Gruppe beteiligt ist, war immer wieder als Vorbild für Neugründungen in Deutschland im Gespräch. Das Blatt veröffentlicht jährlich Paraden der »500 wichtigsten Österreicher«, eine Sitte, die die höfische Steh- und Sitzordnung bei festlichen Anlässen präzise ins Medienzeitalter überträgt.

Nur spät und mühselig haben sich die Medien in Österreich überhaupt aus dem Bann des Staates und der politischen Parteien gelöst. Sehr allmählich verlor sich in den letzten Jahrzehnten die Dominanz der Parteipresse, die sich unter der ewigen Großen Koalition besonders verheerend ausgewirkt hatte.[16] Das Nachrichtenmagazin »Profil« entstand erst 1970. Noch bei Enthüllungen ging es quotiert zu: Die konservative »Wochenpresse«, später vom deutschen Holtzbrinck-Konzern gekauft und in »Wirtschaftswoche« umbenannt, tat sich bei der Enthüllung der berüchtigten Lucona-Affäre hervor, bei der ein Wiener Halbweltkönig zur Vertuschung eines Wirtschaftsverbrechens ein ganzes Schiff samt Besatzung versenkte und in die etliche sozialistische Politiker verwickelt waren;[17] der Jagdinstinkt der linken Aufdecker versagte. Der landestypische häufige Wechsel von Journalisten in politische Funktionen[18] hält dagegen an; prominente Beispiele der jüngsten Zeit sind die FPÖ-Generalsekretärin Theresia Zierler und die Europaabgeordneten Hans-Peter Martin (SPÖ), Peter Sichrovsky (FPÖ) und Ursula Stenzel (ÖVP).

Trotz Drohungen der neuen Regierung, sie einzustellen, gibt es in Österreich noch immer eine großzügige – offene und verdeckte – Presseförderung, die sich leicht zur Einschüchterung und Gängelung der Presse mißbrauchen ließe. Ausgewiesen werden für besonders begünstigte Blätter wie die rechte »Presse« und die linke »Neue Zeit« jährlich mehr als fünf Millionen Mark.[19] Würde man die Förderung einfach abschaffen, sähe es auf dem Markt noch finsterer aus. Presseförderung ist in Österreich Staatspolitik: Hat das Land keine eigenen Medien mehr, gerät seine Souveränität bei den Bürgern in Vergessenheit. Bei den elektronischen Medien beherrscht der öffentlich-rechtliche ORF mit zwei anspruchsvollen Vollzeitprogrammen die Szene. Kommerzielle Fernsehsender gibt es nicht, kommerzielle Radiostationen erst seit kurzem. Das deutsche Privatfernsehen, das drei Viertel der Haushalte über Kabel oder Satellit empfangen können, ist nur in seinen Werbefenstern österreichisch. Wer auf einem deutschen Kanal die Nachrichten konsumiert, was nach der ORF-Statistik etwa jeder siebte österreichische Fernsehzuschauer tut, verläßt virtuell die Republik, lernt einen »Bundeskanzler Gerhard Schröder« kennen und erregt sich über Kinderschänder in Baden-Württemberg, so wie die vielen österreichischen KonsumentInnen von »Bravo«, Sex-Illustrierten und Soraya-Blättern schon seit jeher von Redaktionen bedient werden, die beim Blattmachen nur an deutsche Leser denken.

Die verbreitete Gleichgültigkeit gegenüber Politik und Ideologie, Stilen und konkurrierenden Wertsystemen hat entschieden ihre angenehmen Seiten. In Österreich gibt es kaum exklusive und gegeneinander feindselige »Szenen«, nicht die Verkniffenheit im Umgang, die spießigen Vorurteile. Gepiercte Punk-Mädchen und Hausfrauen mit Handtäschchen und Dauerwelle, langhaarige Wehrdienstverweigerer und zackige Jung-Offiziere, Feierabend-Philosophen und Fitneß-Bewegte treffen einander auf dem Feuerwehrfest, trinken je nach Orientierung Bier oder Mineralwasser und gehen alle wunderbar zwanglos miteinander um. Man nähert sich einander freundlich und offen. In Deutschland beschnuppern Fremde einander wie Hunde nach dem Vorliegen bestimmter Merkmale: Man erkennt einander am Kreolenohrring, an der studiogebräunten Haut oder an der umhäkelten Clopapierrolle im Heckfenster und beschließt je nach Vorliegen des Merkmals, sich zu unterhalten oder aus dem Wege zu gehen. In Österreich ist das alles egal. Man lebt freier als im konformistischen Deutschland, wo gerade die Nonkonformisten den strengsten Kleider- und Denkvorschriften unterliegen. Die Grenzen der deutschen Szenen sind erheblich schwerer zu überwinden als die der österreichischen Kasten.

Österreicher bilden schon deshalb kaum exklusive Szenen aus, weil sie vorwiegend in Dörfern und Kleinstädten leben. Kein Unterschied zwischen beiden Ländern ist auch statistisch so auffällig wie dieser: Nur jeder vierte Deutsche wohnt in einer Gemeinde mit weniger als 10000 Einwohnern, aber 56 Prozent der Österreicher.[20] Die UNO zählt in Österreich 64 Prozent »städtische Bevölkerung«, einen Wert ähnlich wie in Polen oder Bulgarien, in Deutschland dagegen 85 Prozent – wie in Großbritannien, Schweden und den Benelux-Ländern.[21] Wenn man Wien herausrechnet, wo allein jeder fünfte Österreicher zu Hause ist, wird das Verhältnis noch wesentlich krasser. Aber die Gemeindegrößen geben nur einen schwachen Eindruck vom Unterschied im Zusammenleben. Österreicher wohnen in Städten oder Dörfern, Deutsche dagegen leben in Ballungsgebieten, wo die Unterscheidung von Stadt und Dorf keinen Sinn mehr hat. Sieht man von Touristengegenden in Oberbayern oder an der Ostseeküste ab, sind »Dörfer« in Deutschland heute entlegene Schlafstädte für Fernpendler, die – meistens aus finanziellen Gründen – den Hauskauf im Grüngürtel ihrer Agglomeration scheuen. Österreich dagegen hat richtige Dörfer mit eigenem Gemeinderat, Gasthaus, Maibaum, eigener Kirche und Grundschule, mit Geschäften und Vereinen, und sie reichen bis an die Stadtgrenze von Wien, Linz oder Innsbruck. In Österreich gibt es fünf Großstädte mit mehr als 100000 Einwohnern, in Deutschland sind es 82. Natürlich handelt es sich meistens nicht um Bauerndörfer – auch wenn der Anteil der in der Landwirtschaft Beschäftigten in Österreich mit 6,2 Prozent im EU-Vergleich noch ziemlich hoch ist (Deutschland 2,9 Prozent). Die meisten Dorfbewohner gehen bürgerlichen Berufen nach und bilden auch unterschiedliche Interessen und Lebensstile aus.

Früher sorgte schon die Homogenität der bäuerlichen Lebensverhältnisse für den Zusammenhalt. Heute muß dieser natürliche Kitt durch individuelle Toleranz ersetzt werden. Großstädter können einander aus dem Wege gehen, Dörfler und Kleinstädter nicht. Wer in Berlin oder im Ruhrgebiet mit seiner »Szene« nicht mehr zurechtkommt, verkauft das Motorrad, trägt statt der Lederkluft eben selbstgestrickte Pullover und geht zu Folk-Konzerten. Dorf- und Kleinstadtbewohnern steht ein solcher lockerer Szenewechsel als Möglichkeit nicht zu Gebote. Sie begegnen schließlich immer wieder denselben Leuten. Die ländliche Lebensweise ist auch in den Städten akzeptiert und prägt im ganzen Land die Kultur des Umgangs. Bergbauern, Zitherspiel und Lederhosen geben dem Land ja auch mindestens soviel kulturelle Identität wie Salzburg und die Wiener Ringstraße. Wer auf dem Dorf lebt, braucht gegenüber Linzern oder Grazern keine Minderwertigkeitsgefühle zu haben. Die reichsten Gemeinden des Landes sind nicht die Städte, sondern Alpendörfer in Skigebieten. Landesmeister im Steueraufkommen ist Lech am Arlberg. Nicht nur die realen Siedlungen der Österreicher sind kleiner als in Deutschland, auch ihre *virtual villages* sind es. Journalisten treffen einander in der Handvoll Redaktionen immer wieder, Politiker wissen noch aus ihrer Studienzeit an der Juridischen Fakultät in Wien, was der andere vor zwanzig Jahren vertreten hat. Die Absolventen der Montanuniversität in Leoben versorgen das ganze Land mit Bergwerksdirektoren – und die »unabhängigen Fachleute«, die sie kontrollieren sollen, waren alle mit ihnen in der Studentenverbindung. Man kennt einander gut; das mahnt zur Vorsicht.

Der dörfliche Zwang zum Miteinander-Auskommen, den Deutsche kaum noch kennen und nicht mehr empfinden, bringt eine angenehme, ungezwungene Höflichkeit hervor. Es ist in der Regel eine »Höflichkeit« *à la paysanne*, nicht *à la courtoise*: Man verstellt sich nicht, wie bei Hofe, sondern kehrt einander einfach die offene, freundliche Seite zu. Nicht Knickse, Diener und servile Grußformen sind in unserem Dorf gefragt, sondern Aufmerksamkeit, ein flotter Spruch, interessiertes Nachfragen. Man bleibt freundlich, schimpft nicht bei der Post, wenn sie wieder mal den Nachsendeantrag verlegt haben – die halbe Post ist schließlich mit der halben Nachbarschaft verwandt. Wenn einem jemand die Vorfahrt nimmt, zeigt man ihm nicht den Vogel. Man könnte dem Fahrer ja demnächst persönlich begegnen. Diese Regeln gelten auch in der Stadt; sie passen zur österreichischen Gesellschaft. Wo – wie in Deutschland – jeder zu jedem in Konkurrenz steht, tut man gut daran, einander mit Mißtrauen zu begegnen. Aber wo jeder seinen Platz hat, sollte man sich beim Erstkontakt vorsorglich schon einmal um Vertrauensbildung bemühen. Die angenehme Art des Umgangs in Österreich hat auch ihre Kehrseite: Zu große Nähe wird vermieden; Einladungen zu Treffen zu zweit oder zu viert werden durch die Wahl eines neutralen Orts ihrer Intimität beraubt, manchmal auch nachlässig behandelt oder ausgeschlagen. Die Österreicher sind in dieser Hinsicht der genaue Widerpart der durchurbanisierten Amerikaner: In den USA begegnet man Menschen, die einem beim ersten Treffen die intimsten Details ihres Lebens offenlegen, nach flüchtigem Abschied aber nie wieder von sich hören lassen. Die Österreicher dagegen pflegen die lebenslangen Bindungen, die dann am besten funktionieren, wenn der Konfliktstoff klein gehalten wird. (Beide haben übrigens, aus entgegengesetzten Gründen, recht, wenn sie einander für »oberflächlich« halten.) Mit einem Nachbarn, den man nicht los wird, sollte man nicht streiten.

Die dörfliche Toleranz in Österreich kommt aus dem Selbstschutz, nicht aus dem Respekt vor fremden Überzeugungen. Man kennt einander von klein auf, glaubt die Gedanken, die sich einer macht, immer schon zu kennen und mißtraut vor allem den Wandlungen, denen sich einer unterzieht. Zwei spektakuläre Taten der letzten Jahre lassen sich aus diesem Verhältnis erklären: der Selbstmord des Bankers Gerhard Praschak und die Briefbomben des Franz Fuchs. Fuchs, der sich in persönlicher Isolation ein rechtsextremes Weltbild zusammengebastelt hatte und Bomben an sogenannte Ausländerfreunde verschickte, hätte in seinem steirischen Heimatdorf Gralla niemandem seine Gedanken über Österreichs germanische Bestimmung anvertrauen können; als politische Figur wäre der verklemmte Mann in seinem Ort niemals wahrgenommen worden. Erst die anonyme Briefform machte ihn auf fatale Weise »politisch aktiv«.

Die Freundlichkeit und Toleranz im alltäglichen Umgang fordert dem einzelnen einen hohen Preis ab: Wer in allen

Himmelsrichtungen nur gegen Watte läuft, muß sich schon selbst beschädigen, um sich zu spüren. Nach allem, was man weiß, sind Österreicher jedenfalls nicht glücklicher als Deutsche. Das sagen die »weichen« Daten aus Umfragen, in denen die Lebenszufriedenheit erfragt wird, ebenso wie die »harten« Statistiken. Ihre körperliche und seelische Befindlichkeit schätzen Österreicher schlechter ein als ihre deutschen Nachbarn,[22] und nach den Finnen mit ihren düsteren Wintern haben die Österreicher in der EU die höchste Selbstmordrate – ein noch nie schlüssig erklärtes regionales Phänomen, das in Österreich nach Osten hin stark zunimmt und das es mit den Nachbarn in Ungarn und Slowenien teilt. Der ostalpine Bezirk Murau, prosperierend und anmutig, hat seit vielen Jahren die höchste Suizidquote. Weit vor Deutschland auf Platz zwei liegt die »Insel der Seligen« EU-weit bei der Sterblichkeit nach Lebererkrankungen, ein sicherer Indikator für Alkoholismus. Die Zahl der Verkehrsunfälle und der Verkehrstoten pro Einwohner ist seit vielen Jahren noch höher als in Deutschland.[23] Fast überall, wo sich Selbstbeschädigung statistisch messen läßt, findet man Österreich im oberen Feld. Gering ist dagegen die Kriminalität. Wer Aggressionen hat, richtet sie lieber gegen sich selbst. Gewaltverbrechen und Einbrüche werden in Deutschland anderthalbmal so häufig begangen wie in Österreich, Autodiebstähle viermal so oft. Wien rühmt sich gern, die »sicherste Metropole der Welt« zu sein. Womit es allerdings übertreibt: Das Risiko, ermordet oder totgeschlagen zu werden, ist nicht nur in Genf, sondern auch in Brüssel, Athen und Rom niedriger.[24] Wenn damit aber gemeint ist, daß auch eine junge Frau gefahrlos bei Nacht durch den Park gehen kann, dürfte die Parole wieder stimmen. Gefährlich wird es erst, wenn sie aus dem Park nach Hause kommt. Die weitaus meisten Morde in Österreich werden in der Familie begangen.

Der Banker Gerhard Praschak stammte aus Juso-Kreisen und empfand die sozial- und christdemokratische Vetternwirtschaft im Bankwesen als abstoßend. Aber er konnte seiner *peer group* die Qual nicht mitteilen, die er über die Seilschaften und die parteipolitische Gängelung in der Finanzwirtschaft empfand, so daß er sich das Leben nehmen mußte, um gehört zu werden. Man kannte ihn zu lange, als daß man ihn ernst genommen hätte. Gehörte Praschak nicht zur Familie? War er nicht selber an der helfenden Hand der Partei aufgestiegen?[25] Einen Posten bekam der Mann, aber eine Auseinandersetzung wurde ihm nicht gestattet. In Österreich wird jeder mit seiner sozialen Oberfläche, auch mit einer skurrilen, akzeptiert. Der Preis dafür ist, daß man sein Eigenes konsequent ignoriert. Deutsche glauben zum Beispiel gern, Österreich sei voller Nazis. Ein Mißverständnis: Rechtsextreme müssen, anders als in Deutschland, ihre an Ideologien desinteressierte Öffentlichkeit nicht scheuen. Man läßt sie reden, nimmt sie aber, wie alle anderen, nicht ernst. Über jeder Antipathie gegen den Nazismus steht immer noch das Grundgesetz, daß niemand ausgegrenzt werden darf. Kommunisten profitieren von der Toleranz genauso. Als 1998 in Graz ein KPÖ-Mann in den Stadtsenat gewählt wurde, begrüßte ihn sogar der FPÖ-Spitzenkandidat geradezu herzlich. Es wäre als peinlich empfunden worden, hätte man den Mann nach Stalin oder der Berliner Mauer gefragt. Man darf Kommunist sein, schwul, Nazi oder aidskrank, sollte aber nicht darüber reden. Der Psychotherapeut und Menschenrechtsaktivist Klaus Ottomeyer erzählt, wie er in Klagenfurt eine Preisverleihung dazu nutzte, den von Amts wegen ebenfalls anwesenden Haider anzugreifen. Es gab aus dem Auditorium keine Widerrede, höflichen Applaus, und am anderen Tag stand kein Wort in der Zeitung. Kämen die Ansichten nur eines einzigen Außenseiters wirklich zur Verhandlung, so wäre das ganze System dieser besonderen Toleranz, die ja gerade auf dem Ignorieren jeder Eigenart beruht, gefährdet.

Das ungeschriebene Gesetz, keinen Meinungsstreit auszutragen, wurde in den letzten zehn Jahren von unerwarteter Seite verletzt: Der Papst in Rom ernannte immer wieder fundamentalistische Bischöfe, die Streit anfingen und polarisierten – eine der Säulen des Systems war angebrochen. Die radikal reformfeindlichen Kirchenfürsten, an der Spitze der Bischof von St. Pölten, Kurt Krenn, drohten die praktizierenden Katholiken in Österreich aus der Mitte der Gesellschaft

Zeremonieller Katholizismus: 78% bekennen sich zur römischen Kirche; Erstkommunionsfeiern in Wien.

zu verdrängen und in eine klar definierte Position zu bringen. Mit den antiquierten Gesetzen ihrer Kirche, dem Zölibat, dem Ausschluß der Frauen von geistlichen Ämtern, dem strengen Lehramt, konnten Österreichs Katholiken leben, solange niemand sie zwang, sich auch dazu zu bekennen. Krenn, ein Universitätstheologe, der lange in Regensburg gelehrt hatte, störte die trügerische Harmonie lustvoll und nutzte dazu die Illustrierten, die das Thema begeistert aufgriffen. Österreichs Bischöfe gaben die idealen Chargen für große Kolportage-Geschichten ab: der radikale Krenn in St. Pölten, der aussieht wie das dicke Pfäfflein in antiklerikalen Karikaturen und kein Mikrophon stehenläßt, ein störrischer alter Kirchenfürst in Salzburg, der sich nach einer Brandkatastrophe mit über 100 Toten weigert, einen ökumenischen Gottesdienst zu feiern, ein milder und gütiger Seelenhirte in Graz und schließlich der Kardinal in Wien als ideeller Gesamtösterreicher – stets lächelnd, jeden Konflikt mit pastoralem Sülz zudeckend und noch zu feige, dem engsten Mitarbeiter die Kündigung wenigstens persönlich zu überreichen.

Ihre Transformation von einer Säule des Staates in eine radikale Gesinnungsgemeinschaft wollten sich Österreichs Katholiken nicht gefallen lassen. Lieber legten sie sich mit ihren extremistischen Bischöfen an als mit dem *common sense*: Sie organisierten ein »Kirchenvolksbegehren«, das von mehr als 500 000 Menschen unterschrieben wurde. Die Forderungen waren Mitsprache bei der Bischofsernennung, Zulassung von Frauen zum Priesteramt, Aufhebung des Zölibats und eine positive Bewertung der Sexualität – Reformen, die notwendig waren, um die Kirche wieder in gleichen Tritt mit Staat und Gesellschaft zu bringen. Das »Kirchenvolksbegehren« war keine jugendliche Rebellion, sondern im Gegenteil ein Kraftakt zur Rettung der Harmonie – der Abwehrkampf des Laienestablishments gegen die Re-Ideologisierung der Staatsreligion. Rebellisch wurden Österreichs Katholiken, als man ihnen zumuten wollte, einen eigenen, oppositionellen Standpunkt einzunehmen. Prominente Unterstützer waren ÖVP-Politiker – wie ein niederösterreichischer Landesrat und der damalige Wirtschaftsminister. Die Abwehr hätte genausogut einer Erneuerungsbewegung gelten können, wenn sie die Neutralität der Katholiken gefährdet hätte. Von spirituellem Hunger war nichts zu bemerken. Man soll sonntags in die Kirche gehen, sich aber nichts dabei denken – und wenn doch, dann nicht laut. Daß Österreich katholisch ist, hat für die Einstellung seiner Bürger wenig zu bedeuten; die allgemeine Gleichgültigkeit gegenüber Ideologien erstreckt sich durchaus auch auf die Religion.

Barocke Zwiebeltürme, Bildstöcke mit dem gekreuzigten Heiland und Glockengeläut am frühen Sonntagmorgen erinnern schon den Touristen täglich daran, welche Glaubensgemeinschaft hier vorherrscht. Noch bei der Volkszählung von 1991 bekannten sich 78 Prozent zur römischen Kirche, mehr als sich Deutsche zu den beiden großen, etwa gleich starken Konfessionen bekennen. Man geht zur Kirche, wenigstens zu Weihnachten und zu Ostern, läßt sich kirchlich trauen (56 %) und beerdigen (79 %) und die Kinder taufen (82 %)[26] – wie es deutsche Katholiken auch tun. Dabei hält sich nur jeder vierte Österreicher für »religiös«, und nur jeder sechste Katholik geht regelmäßig zur Sonntagsmesse.[27] Uns ist das zeremonielle Verhältnis zu kirchlichen Dingen aufgefallen: Man nimmt Termine wahr, aber Religion wird nie zum Thema. Am Karsamstag gehen auch nüchterne und aufgeklärte Menschen mit einem Korb geräucherter Schinken und Würste zum Pfarrer und lassen sich die »Fleischweihe« aussprechen – was im Rheinland auch bei gläubigen Katholiken eher Kopfschütteln hervorruft.

Auch religiös sind die Österreicher ein Volk ohne Eigenschaften. Alle vordergründigen »Katholizismus-Indikatoren« – Scheidungsrate, Geburtenzahl, Abtreibungen – schlagen in Österreich sehr schwach aus.[28] Der Anteil der außerehelichen Geburten liegt hier um die Hälfte höher als im säkularisierten Deutschland,[29] wo sich gerade ein Drittel zum Katholizismus bekennt – eine Zahl, die alten alpinen Traditionen entspricht.[30] Anfangs haben wir uns gewundert, wenn sich eine klassische Braut in Weiß vor dem Altar von den eigenen Kindern die Blumen auf den Weg streuen ließ. Aber auch die ältere Generation fand es immer ganz normal, wenn die Jun-

Anhaltender Fremdenverkehr: Pensionszimmer in Niederösterreich.

gen das kirchliche Gebot mißachteten. Das muß kein Zeichen für Modernität und sexuelle Freiheit sein. In der Zahl der Teenager-Geburten – einem indirekten »Katholizismus-Indikator«, der auf die Heimlichkeit sexueller Erfahrungen verweist – nehmen die Österreicher in Europa mit den Glaubensbrüdern in Portugal und Irland nämlich einen traurigen Spitzenplatz ein.[31]

Formal ist das Verhältnis von Kirche und Staat in Deutschland enger als in Österreich, und auch inhaltlich ist ihr Einfluß größer – eine Paradoxie, die tief ins österreichische System blicken läßt. Bei der Abtreibung gilt seit bald dreißig Jahren eine unumstrittene Fristenlösung. Statt sich wie ihre deutschen Genossen auf ein jahrzehntelanges Tauziehen mit der katholischen Kirche einzulassen, beschlossen die österreichischen Sozialdemokraten damals – gegen den Willen Kreiskys – einfach mit ihrer Mehrheit die Dreimonatsfrist. Seither sind alle zufrieden: die Wählerinnen, die in beiden Ländern ohnehin seit langem dafür sind, sämtliche Parteien, aber auch die Bischöfe, denen jetzt niemand mehr eine Zustimmung abfordert, die sie nach ihrem Glauben doch niemals geben können. In Deutschland wird die katholische Kirche von der Regierung in einen pluralen Meinungsstreit gezogen, in den sie ihrer eigenen Verfassung nach nicht hineinpaßt. In Österreich erweist man der Kirche nur die schuldige Reverenz, um sie dann zu ignorieren. Kirchliche Mahnungen in der Sozial- und Ausländerpolitik werden von allen Politikern, auch von der ÖVP, überhört. Nach dem Ende der EU-Sanktionen unternahm die gesamte ÖVP-Parteispitze einschließlich des evangelischen Wirtschaftsministers eine Wallfahrt nach Mariazell. Im Gegenzug bekommt der Herr Bundespräsident, obwohl geschieden und wieder verheiratet, vom Erzbischof anstandslos die Kommunion gereicht.

In Österreich erhebt der Staat keine Kirchensteuer, sondern ein kirchliches Amt zieht selbst den »Kirchenbeitrag« ein. Im städtischen, religionsfernen und SPD-regierten Nordrhein-Westfalen sind die Hälfte der Kindergärten und drei Viertel der Krankenhäuser kirchlich, im frommen Österreich je nur etwa 15 Prozent. Staat und Kirche werden a priori als Einheit wahrgenommen, brauchen also nicht in ein definiertes Verhältnis zueinander zu treten. In der Steiermark gilt ein Gesetz, wonach die Kindergartenkinder in die Bräuche der Religion der Mehrheit eingeführt werden müssen – was auch in Österreich der Verfassung widerspricht, da die Religionsfreiheit ihrer Natur nach ein Minderheitenrecht ist. Wie der Zufall es will, sind alle Kindergartengruppen des Bundeslandes mehrheitlich katholisch; sollte sich das einmal ändern, dürfte auch das Gesetz fallen. Die Kindergarten-»Tante« unseres Sohnes konnte sich gar nicht vorstellen, wie es in dem Kopf eines Nichtkatholiken aussieht. Sie kündigte uns vor Ostern an, daß sie jetzt mit den Kindern über die Passion sprechen wollte: »Ich weiß nicht, ob Sie das wissen, aber da wird Er ja ans Kreuz geschlagen.« Was es mit dem Kreuz auf sich hat, bleibt niemandem verborgen: In jeder Schulklasse hängt eines neben dem Portrait des Bundespräsidenten. Die Lehrerin unserer Tochter pflegte in der staatlichen Schule jeden Morgen mit den Kindern zu beten. Daß das nichtkatholischen Eltern nicht recht sein könnte, kam ihr überhaupt nicht in den Sinn. Wenn ein neuer Pfarrer ins Amt eingeführt wird, stehen rechts und links vom Altar Feuerwehr und Kameradschaftsbund Spalier. Bundespräsident und Bundeskanzler haben zu bestimmten Anlässen im Wiener Stephansdom zu erscheinen und die Messe zu hören, der Kardinal-Erzbischof von Wien tritt als geistliches Pendant zur Staatsspitze auf – an den »Resten des Staatskirchentums«[32] stößt sich niemand. Die Mehrheit der Österreicher ist nach allen bekannten Zahlen nicht religiös, läßt die katholische Minderheit aber neidlos Hegemonie ausüben. Warum auch nicht? Es hat eh alles nichts zu bedeuten.

Österreich und sein Europapa

Ausblick

Haben nationale Unterschiede, gar zwischen so verwandten Ländern wie Deutschland und Österreich, in Zeiten der europäischen Einigung überhaupt noch eine Bedeutung? Nach unseren Erfahrungen ja. Wir haben es in neun Jahren Österreich nahezu wöchentlich erlebt. Vielleicht werden sie von der Zahl her weniger, aber sie werden auf jeden Fall bedeutsamer.

Als wir 1992 nach Österreich zogen, brauchten wir noch eine »Aufenthaltsgenehmigung« mit vielen Stempelmarken, die hinten in den Paß eingeklebt wurden. Später bekamen wir einen gelben »Fremdenausweis«, den wir immer mit uns zu führen hatten. Heute dürfen wir sogar an Kommunalwahlen teilnehmen und könnten uns in den Gemeinderat wählen lassen. Die Zollhäuschen an der deutsch-österreichischen Grenze stehen verwaist, die Behörden haben ihr fremdenpolizeiliches Interesse an unserer Existenz weitgehend verloren. Weitgehend, jedoch nicht ganz – als der alte Kinderpaß unserer Tochter abgelaufen war, schickte uns ein Beamter ohne Nachfrage oder Vorwarnung die Polizei auf den Hals, womöglich halte sich die Zehnjährige jetzt ja illegal in der Republik auf. Einzelne Beamte können sich hier eben nach Herzenslust austoben – daran hat auch Europa nichts geändert.

Fährt man dagegen mit dem Auto oder mit dem Zug von Österreich nach Deutschland und zurück, stören einen weit mehr die scharfen bayrischen Grenzbeamten, die mit der neuen Reisefreiheit offenbar größere Probleme haben als ihre österreichischen Kollegen. Im Rahmen der »Schleierfahndung« verfolgen sie in ihren BMWs gern grenzüberschreitende Autos, die ungewaschen und älter als fünf Jahre sind, oder Zivilbeamte reißen die Zugabteile auf, zeigen Hundemarken vor und verlangen gebieterisch die Papiere.

Seit dem 1. Januar 1995 ist Österreich Mitglied der Europäischen Union, und es hat sich in seinen neuen Status in Rekordzeit hineingefunden. Zuvor hatten sich seine Unterhändler bei der EU-Kommission noch eine Reihe von Austriazismen genehmigen lassen. Vor allem Lebensmittel, mit denen die Union sich so ausgiebig befaßt, heißen in Österreich gern anders: Grüne Bohnen sind »Fisolen«, Quark ist »Topfen«, die Wiener Würstchen heißen »Frankfurter«, und gewogen wird alles in »Deka«, also in Zehn-Gramm-Schritten. Aber inzwischen kann man im Supermarktregal »Frühlingsquark« finden, Wurst wird in Gramm ausgezeichnet, und auf den Konservenetiketten steht bei der Herstelleradresse nicht einmal mehr »D« vor der bundesdeutschen Postleitzahl. Daß in der EU nur giftige, geschmacklose Massenware produziert würde, Österreich aber der »Feinkostladen Europas« sei, glauben die Kunden inzwischen nicht mehr. Zu Beginn der BSE-Krise um infiziertes Rindfleisch verhielt sich die Rechtsregierung in Wien deutlich vorsichtiger und bescheidener als die rot-grüne Bundesregierung in Berlin, die ihr Land lange für eine »Insel der Seligen« hielt. Obwohl gemeinsam mit Schweden und Finnland das jüngste Mitglied und im Jahr 2000 obendrein von den neuen Partnern geschnitten, fühlt sich Österreich, als hätte es immer schon dazugehört. Schon bei der entscheidenden Volksabstimmung 1994 hatten sich 66,58 Prozent der Österreicher für den Beitritt ausgesprochen – dagegen nur 48 Prozent der Norweger, 52 Prozent der Schweden und 57 Prozent der Finnen. FPÖ und Grüne, die 1994 gegen den Beitritt waren, schwenkten sofort nach der Volksabstimmung um und halten seither klaren EU-Kurs. Auch die diplomatische Kontaktsperre nach dem Regierungseintritt der FPÖ hat der Europa-Orientierung der Österreicher keinen Abbruch getan. Ein »Volksbegehren« für den Austritt, abgehalten im Jahr der Sanktionen, verlief für die EU-feindlichen Veranstalter enttäuschend.

Österreich kam sich schon immer sehr europäisch vor – viel europäischer als etwa die so eindeutig westliche Schweiz. Ein

Gasthaus in Kühberg am Stadtrand von Braunau am Inn betrachtet sich als den geographischen Mittelpunkt des Kontinents, und in der Nationalhymne heißt es stolz: »Liegst dem Erdteil du inmitten«. Zwei der wichtigsten europäischen Transitrouten führen durch Österreich – zum Leidwesen der unmittelbaren und zur Freude der mittelbaren Anrainer: die Brennerstrecke durch Tirol und die Balkanroute über Wien. Zwar machen die Österreicher aus naheliegenden Gründen nicht so viele Auslandsurlaube wie die Bewohner des nördlichen Nebellandes. Aber man trifft in Österreich schockweise hervorragende Italienkenner und Liebhaber Griechenlands wie der kroatischen Adriaküste. Was den Deutschen Mallorca, ist den Österreichern, wenigstens an manchen Wochenenden, Venedig – in der ganzen Tragweite des Vergleichs.

In Österreich aß, badete und dachte man schon europäisch, als der Rest des Kontinents noch ausschließlich national empfand – wobei es mit dem »schon« seine besondere Bewandtnis hat. Die engagiertesten Europäer hatte Österreich nämlich in den zwanziger Jahren des 20. Jahrhunderts; sie rekrutierten sich vorwiegend aus dem alten Adel und sonstigen hofnahen Kreisen. Niemand hielt den 1918 entstandenen Kleinstaat damals für lebensfähig. Die meisten Österreicher wollten den Anschluß an Deutschland, aber eine starke katholisch-monarchistische Minderheit hielt schon damals ein vereintes Europa für den besten Ausweg. Ihr Wortführer war der Graf Richard Nikolaus von Coudenhove-Kalergi (1894–1972), aber auch die Habsburger selbst fanden die Idee gut. Die Sympathie des Herrscherhauses relativiert das »schon«. Genausogut könnte man sagen, sie seien »noch« für Europa gewesen, denn ihre Europakonzeption war eine vornationale, romantische, wie sie der deutsche Dichter Novalis in seiner Schrift »Die Christenheit oder Europa«[1] beschworen hatte. Europa war für die österreichischen Föderalisten das Synonym für das Heilige Römische Reich des Mittelalters, dessen Idee als »Abendland« nach dem Zweiten Weltkrieg noch einmal eine kleine Renaissance erlebte.

»Abendländisch« dachte man damals auch in manchen CDU-Kreisen im Rheinland und in der bayrischen CSU.

Abendländische Ideen inspirierten die Salzburger Festspiele. Der Herausgeber der Wiener »Presse«, Ernst Molden, und seine Frau Paula von Preradović, die Verfasserin der österreichischen Nationalhymne, gründeten zur Festigung der abendländischen Gedankenwelt 1945 das noch heute bestehende »Europäische Forum Alpbach«, eine Sommerschule in den Kitzbüheler Alpen.[2] Mit der von Coudenhove-Kalergi gegründeten und heute vom greisen Kaisersohn Otto von Habsburg geführten »Paneuropa-Union« verfügen die Abendländler auch über eine politische Organisation. Für die »Paneuropäer« endet Europa an der Grenze zwischen Katholizismus und Orthodoxie, römischem und griechischem Christentum. Anfang der neunziger Jahre, als der erzkonservative ÖVP-Politiker Alois Mock Außenminister war, hat solch abendländisches Denken sogar noch einmal Europas Diplomatie beeinflußt: Mock, ein früher Streiter für die Anerkennung Kroatiens, pflegte ein herzliches Verhältnis zu dessen Präsidenten Franjo Tudjman, der zwischen seinem Land und dem orthodoxen Serbien die »kulturelle Wasserscheide« Europas verlaufen sah. Um die Verbundenheit mit dem österreichisch-ungarischen Commonwealth zu betonen, nannte Otto von Habsburgs Sohn Karl seinen Sohn nach einem kroatischen König Zvonimir und ließ ihn in Zagreb taufen. Über Jahrzehnte war die ÖVP die »Europa-Partei« des Landes. »Europa« hatte in Österreich lange einen ausgeprägt konservativen Beigeschmack.

Mit kosmopolitischem Denken hat solcherart Europäertum allerdings wenig zu tun. Den Abendland-Ideologen schwebt nicht nur eine scharfe Grenze nach Osten vor, sondern auch eine innere Organisation, die sich auf kollektive Einheiten statt auf Individuen stützt. Sie treten für größere Einheiten auf, aber gegen das Prinzip »Ein Mensch – eine Stimme«. In der Debatte um die Reform der Union bezog das neue, rechte Österreich entsprechend Position. FPÖ und ÖVP einigten sich, als die EU-Partner sie diplomatisch aussperrten, auf den Text für eine geplante »Volksbefragung« zur EU, die Mehrheitsentscheidungen ausschloß, und drohten, sich zum »Sprecher der Kleinen« in der EU zu machen. Die »kleinen Völker«

spielen, als Gegengewicht zum Unitarismus der großen, im abendländischen Denken seit jeher eine wichtige Rolle.

Der besondere Akzent im österreichischen Europäertum ist nicht neu und wurde immer schon politisch in Stellung gebracht. Der deutsche Österreich-Schwärmer Oskar A. H. Schmitz schrieb bereits 1924 in einer Eloge auf Coudenhove-Kalergi, in Österreich sei »ein Übernationalismus im Werden, der jeder Nation ihr Wesen erhalten will und doch letzten Endes höhere Einheiten als die Nation im Auge hat«. Er sei gerade der Gegenentwurf zum »Internationalismus«. »Der Internationalismus«, analysierte Schmitz fünfzehn Jahre vor dem Zweiten Weltkrieg in erstaunlich aktuellen Worten, »ist ein ›urteutsches‹ Gewächs, das in keiner anderen Nation so recht Wurzeln schlagen will. Er konnte nur in einer Nation entstehen, die ihr eigenes, allmählich bis zur Unerträglichkeit verzerrtes Wesen nicht mehr aushielt und dann mit der Forderung spielte, alle Nationen sollten sich ihres Wesens entkleiden und in einem abstrakten, verwischten Menschentum gewissermaßen noch einmal von vorne anfangen.«[3] 75 Jahre nach Schmitz war die einzige Politikerin von Rang, die Österreich in Europa die Stange hielt, die britische Europa-Kritikerin Margaret Thatcher. Wenn sich die Wiener Rechte zu Europa bekennt, lohnt es sich, genau hinzuhören.

Die freisinnige und deutsch-nationale FPÖ hat mit den katholischen »Abendländlern« traditionell nichts zu schaffen – ein kleiner Flirt ihres früheren Fraktionschefs Ewald Stadler mit den christlichen Ultras blieb Episode. Die FPÖ Jörg Haiders hat dafür Europa als neues Spielfeld für die Politik mit Ressentiments entdeckt. Das hatte sie dringend nötig, denn der Eintritt in die Regierung im Februar 2000 bedeutete für die Protestpartei mit ihrem Robin Hood an der Spitze eine schwere Krise. Die »Freiheitlichen« wurden von einem wichtigen Teil ihrer Klientel gewählt, damit sie es denen da oben mal richtig zeigten, nicht aber, um selbst an die Macht zu kommen. Haider, der Rebell, braucht immer einen über sich, gegen den er rebellieren kann.

Uns war schon früh aufgefallen, daß unsere Bekannten Österreich immer nur als Objekt sahen, wenn sie von der EU sprachen, nie als handelndes Subjekt. »Das kommt von der EU«, »die EU hat das angeordnet«, hieß es, als wenn Österreich gar nicht dabei wäre und die Beschlüsse nicht mit Wiener Stimmen zustande gekommen wären. Schon seit dem Beitritt 1995 hatte sich die Boulevardpresse mit Vorliebe an Brüssel gerieben, das »uns« lobte oder bestrafte. Die EU-Kommissare, deren Namen in Deutschland kaum jemand kennt, wurden hier rasch berühmt. Man erfuhr, wie »streng« sie waren und was sie über Österreich wußten. Als das neue Mitglied Österreich im zweiten Halbjahr 1998 die EU-Präsidentschaft innehatte, wurde das Ereignis gefeiert wie sonst nur die Olympischen Winterspiele, und in der Zeitung stand zu lesen, was die Damen und Herren Minister alles zu essen bekommen hatten. Die politischen Magazine druckten wöchentlich Säulendiagramme, die zeigten, wo Österreich mit dieser oder jener Vergleichszahl stand: stolz ganz an der Spitze bei der Preisstabilität, solide im Mittelfeld bei der Beamtenquote oder, bei der Staatsverschuldung, schmählich am Ende. Die Österreicher paßten in die Union wie der Schlüssel zum Schloß: Das Volk, dem der Hof abhanden gekommen war, hatte endlich wieder einen Vorgesetzten.

Für die FPÖ kam die Strafaktion der EU-Partnerstaaten anfangs wie gerufen, denn mit den neuen Chefs in Brüssel hatte auch der Kampf gegen »die da oben« wieder ein Objekt. Früher mußte der sozialdemokratische Bundeskanzler Franz Vranitzky den Widerpart zu Haiders Rebellentum abgeben; Haider hatte nach Art des pubertierenden Sohnes sogar über den Bauchansatz des Kanzlers gelästert. Jetzt ging es gegen Frankreichs Staatspräsidenten Jacques Chirac, einen Mann mit der Ausstrahlung patriarchaler Würde, den Haider eine »jämmerliche Figur« nannte. Nach den Sanktionen ist Frankreich, das die meisten Österreicher nicht kennen, zum bevorzugten Reibebaum der Boulevardpresse geworden. Der rechtsradikale Kolumnist »Staberl« aktivierte in der »Kronen-Zeitung« sogar das alte deutsche Muster der Erbfeindschaft zu Frankreich und drosch auf den »Landräuber und Dreinschläger Napoleon«[4] ein.

Perfekt bedient wurde das neue Vater-Sohn-Muster schließlich, als die vierzehn EU-Partner auch noch einen Rat aus drei »Weisen« bildeten, der Österreichs neue Regierung auf ihre Europaverträglichkeit prüfen sollte. Wir hatten erwartet, daß unsere österreichischen Freunde sich in ihrem Stolz verletzt fühlen würden. Aber sie akzeptierten das Arrangement ebenso wie die Politiker. Sogar Haider wünschte sich mehrfach öffentlich, von den neuen Vätern empfangen zu werden – einen Gefallen, den die drei ihm vernünftigerweise nicht taten. Der Bericht empfahl am Ende, die Sanktionen aufzuheben, qualifizierte die FPÖ aber als »rechtspopulistische Partei mit extremistischer Ausdrucksweise«.

Österreich nahm das Urteil hin wie eine Versetzung mit einer Fünf in Religion und schlich zurück in seine Bank. Seither bemüht es sich, nicht zu sehr aufzufallen. In den nächsten Jahren muß der Schüler außerdem gut achtgeben, denn er bekommt Französisch dazu. Vom Lehrkörper werden unterdessen Festigkeit und Gelassenheit erwartet.

Anmerkungen

Einmal nach Österreich und zurück

1 Vgl. H.M.: Das Bonmot vom »gemeinsamen Unterschied«: nicht von Karl Kraus, sondern von ...? Oder: Was England von Amerika und Österreich von Deutschland trennt. In: Österreich in Geschichte und Literatur 42 (1998), S. 23–28.

2 Vgl. Ernst Bruckmüller: Nation Österreich. Kulturelles Bewußtsein und gesellschaftspolitische Prozesse. Wien, Köln, Graz, 2. Aufl. 1996 (im folgenden = Bruckmüller (2) 1996).

3 Hans-Henning Scharsach und Kurt Kuch: Haider. Schatten über Europa. Köln 2000; Hans-Henning Scharsach: Haiders Clan. Wie Gewalt entsteht. Wien, München und Zürich, 2. Aufl. 1995; ders.: Haiders Kampf. München 1992.

4 Klaus Ottomeyer: Die Haider-Show. Zur Psychopolitik der FPÖ. Klagenfurt 2000; Harald Goldmann, Hannes Krall und Klaus Ottomeyer: Jörg Haider und sein Publikum. Eine sozialpyschologische Untersuchung. Klagenfurt 1992; zu Kärnten auch: Ders.: Kriegstrauma, Identität und Vorurteil. Mirzadas Geschichte und Ein Brief an Sieglinde Taschabuschnig. Klagenfurt 1997.

5 Armin Thurnher: Heimniederlage. Nachrichten aus dem neuen Österreich. Wien 2000; ders.: Das Trauma, ein Leben. Österreichische Einzelheiten. Wien 1999.

Oben, unten, draußen: Wo liegt Österreich?

1 Am längsten Tag des Jahres geht die Sonne bei der Meteorologischen Anstalt in Wien genau um 21 Uhr unter, bei der Sternwarte Bochum um 21:50 Uhr. Im Norden dämmert es dann auch noch länger.

2 So sagt es der Tourenplaner des ADAC, der sich auch in Österreich gut auskennt. Von Graz nach Bregenz sind es 7 h 10', von Hamburg nach München 7 h 35'.

3 Erhard Busek: Mitteleuropa. Eine Spurensicherung. Wien 1997, S. 231.

4 Vgl. Erich Wendl: Die Zukunft Europas aus österreichischer Sicht – Neutralität, Sicherheitspolitik, Integration. In: Europa vor der Ver-

einigung. Hg. im Auftrag der Karl-Theodor-Molinari-Stiftung von Andreas Prüfert. Bonn 1995, S. 103–110, hier S. 104.
5 Die Darstellung folgt Engelbert Washietl: Österreich und die Deutschen. Wien 1987, S. 123–129.
6 Vgl. George Schöpflin: Central Europe: Definitions Old and New. In: George Schöpflin/Nancy Wood: In Search of Central Europe. Cambridge 1989, S. 7–29 (im folgenden = Schöpflin).
7 Schöpflin, S. 11 f., Übersetzung durch den Autor.
8 Jenö Szücs: Die drei historischen Regionen Europas. Aus dem Ungarischen von Béla Rásky. Frankfurt/Main 1990, S. 74.
9 Franz Borkenau: Austria and after. London 1938, S. 57.
10 Vgl. Eveline List: Das österreichische System von Sprache und Herrschaft. In: Peter Bettelheim und Robert Harauer (Hg.): Ostcharme mit Westkomfort. Beiträge zur politischen Kultur in Österreich. Wien 1993, S. 55–67, hier S. 59.
11 Vgl. Willy Lorenz: A. E. I. O. U. Allen Ernstes Ist Oestereich Unersetzlich. Österreichische Impressionen. Wien und München 1961. S. 33–42.
12 Vgl. Fritz Plasser, Oscar W. Gabriel, Jürgen W. Falter und Peter A. Ulram (Hg.): Wahlen und politische Einstellungen in Deutschland und Österreich. Frankfurt/Main 1999, S. 161.
13 Vgl. Bruckmüller (2) 1996, S. 70.
14 Vgl. Ernst Bruckmüller: Das Österreichbewußtsein. In: Wolfgang Mantl (Hg.): Politik in Österreich. Die Zweite Republik: Bestand und Wandel. Wien, Köln, Graz 1992, S. 261–278, hier S. 262.
15 Kurt Stimmer: Galerie der 1000. Große Österreicher in Schönbrunn. Katalog zur Millenniumsausstellung im Schönbrunner Schloßpark. Wien 1996, S. 9.
16 Vgl. Gabriele Holzer: Verfreundete Nachbarn. Österreich – Deutschland. Ein Verhältnis. Wien 1995, S. 16 f (im folgenden = Holzer).
17 Vgl. Bruckmüller (2) 1996, S. 125.
18 Vgl. Bruckmüller (2) 1996, S. 87.
19 Vgl. Peter Rosegger: Als ich noch der Waldbauernbub war. Stuttgart 1989, S. 85.
20 Oskar A. H. Schmitz: Der österreichische Mensch. Zum Anschauungsunterricht für Europäer, insbesondere für Reichsdeutsche. Wien und Leipzig 1924, S. 7.
21 Vgl. Lorenz, S. 26 f.
22 Ebenda, S. 29.
23 Vgl. ebenda, S. 20–25.
24 Vgl. Bruckmüller 1996, S. 119.
25 Vgl. Preisaufgabe des Instituts für Österreichkunde. In: Österreich in Geschichte und Literatur 40 (1996), S. 53 f.
26 Ferrero-Waldner im Gespräch mit dem Autor.
27 Österreich, unser Vaterland. Jungbürgerbuch. Bundesverlag Wien, 2. Aufl. 1959, S. 82.

28 Zitiert nach Alfred Pfabigan: Kritische Anmerkungen zur »Politikfähigkeit« austromarxistischer Lösungsvorschläge des Nationenproblems in der Donaumonarchie. In: Erich Fröschl, Maria Mesner und Uri Ra'anan (Hg.): Staat und Nation in multiethnischen Gesellschaften. Wien 1991, S. 93–104. Übersetzung durch den Autor.
29 Vgl. Manfred Koch: Das Deutschenbild der Österreicher. In: Heinz Heckhausen (Hg.): Biologische und historische Grundlagen des Verhaltens. Bericht über den 24. Kongreß der Deutschen Gesellschaft für Psychologie Wien 1964. Göttingen 1965, S. 334 ff., hier S. 338.
30 Vgl. Bruckmüller (2) 1996, S. 141.
31 Zur Herkunft des Spitznamens Piefke vgl. Anton Karl Mally: »Piefke«. Herkunft und Rolle eines österreichischen Spitznamens für die Preußen, den Nord- und den Reichsdeutschen. (im folgenden = Mally 1974) In: Muttersprache. Zeitschr. zur Pflege und Erforschung der deutschen Sprache 84 (1974), S. 257–286, sowie ders.: »Piefke«. Nachträge. In: Muttersprache 94 (1983/84), S. 313–327.

Links und rechts, oben und unten: Wer regiert wen?

1 Heinrich Neisser: Die Zukunft des Parlamentarismus. In: Alfred Payrleitner (Hg.): Österreich neu. Herausforderungen nach der Wende. Wien 2000, S. 18–29, hier S. 20 f.
2 Robert Menasse: Die sozialpartnerschaftliche Ästhetik. Essays zum österreichischen Geist. Wien 1990; ders.: Das Land ohne Eigenschaften. Essay zur österreichischen Identität. Wien 1992; ders.: Erklär mir Österreich. Essays zur österreichischen Geschichte. Frankfurt/Main 2000 (im folgenden = Menasse 2000).
3 Vgl. Jörg Haider: Die Freiheit, die ich meine. Das Ende des Proporzstaats, Plädoyer für die Dritte Republik. Frankfurt/Main und Berlin 1993, S. 189–249.
4 Menasse 2000, S. 53.
5 Vgl. Karl Ucakar: Die Sozialdemokratische Partei Österreichs. In: Herbert Dachs (Hg.): Handbuch des politischen Systems Österreichs. Wien, 2. Aufl. 1992, S. 210–226, hier S. 221 (im folgenden = Dachs (2) 1992).
6 Vgl. Wolfgang C. Müller: Die Österreichische Volkspartei. In: Dachs (2) 1992, S. 227–246, hier S. 233.
7 Vgl. Herbert Dachs: Parteien und Wahlen in Österreichs Bundesländern. Eine Zusammenschau. In: Ders. (Hg.): Parteien und Wahlen in Österreichs Bundesländern (= Österreichisches Jahrbuch für Politik. Sonderband), S. 605–636, hier S. 622 (im folgenden = Dachs 1992).
8 Vgl. Elisabeth Mayr-Kess: Parteien und Wahlen in Oberösterreich. In: Dachs 1992, S. 223–287, hier S. 245.
9 Vgl. Wolfgang C. Müller: Die Österreichische Volkspartei. In: Dachs (2) 1992, S. 227–246, hier S. 234.

10 Vgl. Hoch Österreich. Wien 1935, S. 27ff.
11 Vgl., auch für die folgenden Zahlen und Zitate, Fritz Plasser und Peter A. Ulram (Hg.): Politischer Kulturvergleich: Deutschland, Österreich und die Schweiz. In: Dies. (Hg.): Staatsbürger oder Untertan? Politische Kultur Deutschlands, Österreichs und der Schweiz im Vergleich. Frankfurt/Main, Bern, New York und Paris 1991, S. 17–48, hier S. 23ff.
12 Alan Marsh e.a.: Political Action in Europe and the USA. Basingstoke 1990.
13 Vgl. Andreas Khol: Mein politisches Credo. Aufbruch zur Bürgergesellschaft. Wien 1998.
14 Andreas Khol: Durchbruch zur Bürgergesellschaft. Wien 1999, S. 24f.
15 Vgl. Anson Rabinbach: Vom roten Wien zum Bürgerkrieg. Wien 1989, S. 30.
16 Vgl. Klaus Ottomeyer: Die Haider-Show. Zur Psychopolitik der FPÖ. Klagenfurt 2000, S. 10–19.
17 Bei der Nationalratswahl im Oktober 1999 bekam die FPÖ 415 Stimmen mehr als die ÖVP und wurde damit zweitstärkste Partei.
18 Dieses und die folgenden Zitate aus: Bundesorganisationsstatut der Freiheitlichen Partei Österreichs (FPÖ). Beschlossen vom 2. Ordentlichen Bundesparteitag 1957; unter Berücksichtigung der (...) vom Außerordentlichen Parteitag 1998 in Linz beschlossenen Änderungen. o.O. o.J.
19 Vgl. Wolfgang C. Müller: Regierung und Kabinettssystem. In: Dachs (2) 1992, S. 118–133, hier S. 123.
20 Hugo von Hofmannsthal: Preuße und Österreicher. Ein Schema. In: Ulrich Weinzierl (Hg.): Lächelnd über seine Bestatter: Österreich. Österreichisches Lesebuch von 1900 bis heute. München 1989, S. 56.
21 Hazel Rosenstrauch: Gedenken und Bedenken. Ein Produktvergleich. In: Peter Bettelheim und Robert Harauer (Hg.): Ostcharme mit Westkomfort. Beiträge zur politischen Kultur in Österreich. Wien 1993, S. 125–137, hier S. 131.

A bißl eine Pest

1 Die Presse, 18.10. 2000, S. 2.
2 Vgl. Matthias Pape: Ungleiche Brüder. Österreich und Deutschland 1945–1965. Köln, Weimar und Wien 2000, S. 139–159.
3 Vgl. Michael Gehler: Österreichs außenpolitische Emanzipation und die deutsche Frage. In: Alfred Ableitinger, Siegfried Beer und Eduard G. Staudinger: Österreich unter alliierter Besatzung 1945–1955. Wien, Köln und Graz 1998, S. 205–268, hier S. 208f.
4 Zitiert nach Walter Kleindel: Österreich. Daten zur Geschichte und Kultur. Hg., bearb. u. erg. v. Isabella Ackerl und Günter K. Kodek. Wien 1995, S. 373.

5 Vgl. Die Lage war noch nie so ernst! Doktor Adenauers geflügelte Worte. Gesammelt und kommentiert von Erhard Kortmann und Fritz Wolf. Bergisch Gladbach 1965, S. 54.

6 Daten nach der sehr detaillierten Darstellung in: Kleindel, S. 360–364.

7 Vgl. Holzer, S. 84.

8 Vgl. Kleindel, S. 364.

9 Walter Manoschek: Österreichs Umgang mit dem Nationalsozialismus 1945 bis 1955. In: Reinhard Sieder, Heinz Steinert und Emmerich Tálos (Hg.): Österreich 1945–1995. Gesellschaft, Kultur, Politik. Wien 1995, S. 94–106, hier S. 96.

10 Vgl. Holzer, S. 86.

11 Bei 60000 »arisierten« Wohnungen, einer Zahl, die etwa dem Wohnungsbau des »roten Wien« der Zwischenkriegszeit entspricht.

12 Vgl. z.B. Holzer, S. 54.

13 Vgl. Werner Bundschuh, Werner Dreier und Reinhard Mittersteiner: Sozialdemokraten im Dorf. 100 Jahre SPÖ Hard. Bregenz 1994, S. 11–20.

14 Dieses wie die folgenden Zitate in: Aus Vergangenheit und Gegenwart. Ein approbiertes Arbeits- und Lehrbuch für Geschichte und Sozialkunde von Herbert Hasenmayer, Erich Scheithauer und Werner Tscherne. Wien 1985, S. 82–85.

15 Vgl. Gehler, S. 205–268.

16 Zitiert nach Mally 1974, S. 280.

17 Vgl. Josef Seiter: Vergessen und – trotz alledem – erinnern. Vom Umgang mit Monumenten und Denkmälern in der Zweiten Republik. In: Sieder/Steinert/Tálos 1995, S. 684–705.

18 Anton Pelinka: Vorwort. In: Reinhold Gärtner und Sieglinde Rosenberger: Kriegerdenkmäler. Vergangenheit in der Gegenwart. Innsbruck 1991, S. 7f.

19 Christian Wabl: Eiszeit der Erinnerung, 1948–1997. In: Ulf Brunnbauer (Hg.): Eiszeit der Erinnerung. Vom Vergessen der eigenen Schuld. Wien 1999, S. 188–203, hier S. 189 (im folgenden = Brunnbauer).

20 Vgl. Ulf Brunnbauer: »Ich will Ausstellungen, die Freude bereiten«. In: Brunnbauer, S. 14–30, sowie Helga Embacher: »Mein Vater war kein Mörder«. In: Brunnbauer, S. 31–37.

21 Vgl. Pape, S. 109f.

22 In: Robert Knight (Hg.): »Ich bin dafür, die Sache in die Länge zu ziehen«. Wortprotokolle der österreichischen Bundesregierung von 1945–52 über die Entschädigung der Juden. Frankfurt/Main 1988, S. 91.

23 Vgl. Brigitte Bailer und Wolfgang Neugebauer: Abriß der Entwicklung des Rechtsextremismus in Österreich. In: Handbuch des österreichischen Rechtsextremismus. Wien 1996, S. 97–102 (im folgenden = Handbuch 1996).

24 Vgl. die Beiträge prominenter Rechtsradikaler in: Rolf-Josef Eibicht (Hg.): Jörg Haider, Patriot im Zwielicht? Eine politische und kritische Analyse. Stuttgart 1997.

25 Alle folgenden Zitate dokumentiert in: Brigitte Bailer und Wolfgang Neugebauer: Die FPÖ: Vom Liberalismus zum Rechtsextremismus. In: Handbuch 1996, S. 357–494, hier S. 483.

26 Vgl. Plasser/Ulram, S. 17–48.

27 ORF-Sendung »Österreich heute«, 18.9.87.

28 Diese und die folgenden Zahlen und Zitate in: Gustav Lebhart und Rainer Münz: Migration und Fremdenfeindlichkeit. Fakten, Meinungen und Einstellungen zu internationaler Migration, ausländischer Bevölkerung und staatlicher Ausländerpolitik in Österreich. Wien 1999, S. 54.

29 Vgl. Hans Rauscher: Heruntermacher und Herunterspieler. In: Der Standard, 24.10.2000.

30 Vgl. z.B. Amnesty international: Jahresbericht 2000. Frankfurt/Main 2000, S. 400.

31 Vgl. Lebhart/Münz, S. 16, und Statistisches Jahrbuch für die Bundesrepublik Deutschland. Wiesbaden 2000, S. 65.

32 Vgl. Bernd Marin: Antisemitismus ohne Antisemiten. Autoritäre Vorurteile und Feindbilder. Mit einer Einleitung von Gerhard Botz. Unveränderte Neuauflage früherer Analysen 1974–1979 und Umfragen 1946–1991. Frankfurt/Main, New York 2000, S. 475 und 479.

33 Marin, S. 115, 524 u. 613.

34 Vgl. Bruce F. Pauley: From prejudice to persecution. A history of Austrian anti-semitism. North Carolina und London 1992, S. 28–34.

35 Vgl. Brigitte Hamann: Hitlers Wien. Lehrjahre eines Diktators. München, Zürich 1998, S. 344 f.

36 Vgl. Peter Diem: Die Symbole Österreichs. Zeit und Geschichte in Zeichen. Wien 1995, S. 215.

37 Vgl. Pauley, S. 37.

38 John Bunzel: Zur Geschichte des Antisemitismus in Österreich. In: John Bunzel und Bernd Marin (Hg.): Antisemitismus in Österreich. Sozialhistorische und soziologische Studien. Wien 1992, S. 9–88, hier S. 35.

39 Vgl. Rosenstrauch, S. 125–137, hier S. 130.

40 Vgl. Ingrid Böhler: »Wenn die Juden ein Volk sind, so ist es ein mieses Volk.« Die Kreisky-Peter-Wiesenthal-Affäre 1975. In: Michael Gehler und Manfred Sickinger (Hg.): Politische Affären und Skandale in Österreich. Von Mayerling bis Waldheim. Wien und München 1995, S. 502–531, hier S. 505 f.

1 Vgl. Diem, S. 215.
2 Erledigte Verfahren 1998 in Deutschland: 258 002, in Österreich: 13 799. Quellen: Statistische Jahrbücher Deutschlands (S. 350) und Österreichs (S. 459).
3 1990 wurden 5 828 Verfahren abgeschlossen.
4 Vgl. Wilhelm F. Czerny: Parlament und Parteien. Hg. v. Edith Rieter und Günther Schefbeck. Wien, Köln und Weimar 1994, S. 223.
5 Vgl. Rolf Schwendter: Das Jahr 1968. War es eine kulturelle Zäsur? In: Sieder/Steinert/Tálos, S. 166–175.
6 Sozialistischer Deutscher Studentenbund
7 The Third International Mathematics and Science Study. Tabelle in: Willard R. Dagett: Technology – Its next more and its implication to education. New York 1997.
8 Krankenordnung der Steiermärkischen Gebietskrankenkasse, §47 Abs.1.
9 Ebenda, §48 Abs. 3.
10 Als »Beamte« gelten in Österreich auch Angestellte und Arbeiter im öffentlichen Dienst. »Beamte« im deutschen Sinne sind nur die »Pragmatisierten« (Unkündbaren).
11 Verlorene Arbeitstage pro 1 000 unselbständig Beschäftigte im ganzen Zeitraum von 1990 bis 1998: 4 (vier). Quelle: Bundeswirtschaftskammer.
12 Auskunft von Roswitha Haslinger, Marktforscherin am Gallup-Institut Österreich.
13 Vgl. Statistisches Jahrbuch 2000 für das Ausland. Wiesbaden 2000, S. 309.
14 Zum Vergleich nach eigener Zählung: Süddeutsche Zeitung ca. 750 000 Zeichen/Tag, Tages-Anzeiger (Zürich) und Badische Zeitung (Freiburg) ca. 550 000, Standard und Presse ca. 220 000, Kronen-Zeitung ca. 110 000.
15 Menasse 2000, S. 27.
16 Vgl. Kurt Wimmer: Struktur und Einfluß der Medien. In: Wolfgang Mantl (Hg.): Politik in Österreich. Die Zweite Republik: Bestand und Wandel. Wien, Köln und Graz 1992, S. 479–499, hier S. 479.
17 Vgl. Gerald Freihofner: Der Fall Udo Proksch oder die Affäre »Lucona«. In: Gehler/Sickinger, S. 546–567.
18 Vgl. Hans-Heinz Fabris: Der österreichische Weg in die Mediengesellschaft. In: Sieder/Steinert/Tálos 1995, S. 641–654.
19 Vgl. Statistisches Jahrbuch 1999/2000 für die Republik Österreich. Wien 1999, S. 148.
20 Vgl. Statistisches Jahrbuch 2000 für die Bundesrepublik Deutschland. Wiesbaden 2000, S. 56 f., und Statistisches Jahrbuch 1999/2000 für die Republik Österreich. Wien 1999, S. 43.

21 Vgl. Statistisches Jahrbuch 2000 für das Ausland. Wiesbaden 2000, S. 209.

22 Diese und die folgenden Daten aus Elisabeth Santigli: Gesundheitsatlas für die Steiermark. Graz 2000.

23 Vgl. Kuratorium für Verkehrssicherheit: Unfallstatistik 1998 und 1999 (www.kfv.at).

24 Zahlen aus Gordon C. Barclay und Cynthia Tavares: International comparisons of criminal justice statistics 1998. Home Office, Research Development Statistics. London 2000.

25 Vgl. Samo Kobenter: Republik der Sekretäre. Die Seilschaften der Machthaber in Österreich. Wien 1997, S. 9–33.

26 Zahlen von 1991. Aus: Otto Schulmeister: Ernstfall Österreich. Stichproben zur Lage der Republik. Wien 1995, S. 97f.

27 Vgl. Heinz Faßmann: Bevölkerungsentwicklung. In: Sieder/Steinert/Tálos 1995, S. 396–408.

28 Vgl. Anton Pelinka: Von der Hegemonie zur Isolierung. Der integrale Katholizismus auf dem Weg ins Ghetto. In: Bettelheim/Harauer, S. 42–54, hier S. 50 (im folgenden = Pelinka 1993).

29 Deutschland: 19,3%, Österreich: 29,5%. Statistisches Jahrbuch. Wien 1999/2000, S. 500.

30 Vgl. Bundesministerium für Umwelt, Jugend und Familie (Hg.): Familie – zwischen Anspruch und Alltag. Österreichischer Familienbericht 1999. Wien 1999, S. 23.

31 Elisabeth Santigli: Gesundheitsbericht 2000 für die Steiermark. Graz 2000, S. 56.

32 Vgl. Pelinka 1993, S. 42f.

Österreich und sein Europapa

1 Novalis: Die Christenheit oder Europa. Ein Fragment. Stuttgart 1973.

2 Vgl. Pape 2000, S. 180ff.

3 Schmitz, S. 9f.

4 Kronen-Zeitung 22.1.01, S. 4.

Dank

Für dieses Buch haben sich mir etliche Menschen für lange und aufschlußreiche Gespräche zur Verfügung gestellt. Ich danke Walter Baier, Wilhelm Brauneder, Christian Brünner, Willi Buchhorn, Ursula Eismann, Wolfgang Eismann, Friedhelm Frischenschlager, Rupert Gmoser, Peter Grzybek, Roswitha Haslinger, Andreas Khol, Engelbert Kremshofer, Adalbert Krims, Wilhelm Lasek, Robert Misik, Roswitha Mißbichler, Rainer Münz, Gudrun Noack, Horst Noack, Klaus Ottomeyer, Alfred Pfabigan, Robert Pichler, Hans-Henning Scharsach, Heide Schmidt, Uli Schöler, Franz Sölkner, Peter Steyrer, Christian Wabl und Ewald Walterskirchen für etliche Auskünfte und Ideen.

In der Steiermark, im Januar 2001

Einblicke in dunkle Welten

Alexander Glück/
Marcello La Speranza/
Peter Ryborz
Unter Wien
Auf den Spuren des Dritten Mannes
durch Kanäle, Grüfte und Kasematten

200 Seiten, 150 z. T. farbige
Abbildungen,
gebunden, 68,00 DM;
61,00 sFr.; 496 öS
ISBN 3-86153-238-7

Der Untergrund von Wien ist seit dem Filmklassiker »Der dritte Mann« weltberühmt. Noch heute kann man den Spuren von Harry Lime folgen: einen Kanaldeckel anheben, in das Gewölbe über dem Wienfluß absteigen und zwei Kilometer weiter aus einer Litfaßsäule wieder an die Oberfläche treten.
Unter dem Pflaster finden sich vielfältige Hinterlassenschaften aus der Geschichte der Donaumetropole: Die Reste eines römischen Kastells und der Befestigungsanlagen aus der Zeit der Türkenkriege sind bei Bauarbeiten freigelegt worden.
Am Stephansdom kann man in die weitläufigen Katakomben einsteigen. Im Zweiten Weltkrieg sollte die Bevölkerung unterirdisch Schutz vor Bombenangriffen finden: Tiefbunker wurden errichtet und die Keller der durch ein weitläufiges System von Gängen verbundenen Stadthäuser als Schutzräume genutzt.
Aber auch mit Leben erfüllte Räume befinden sich im Souterrain: Brauereigewölbe und zahlreiche Kellerrestaurants laden heutzutage noch zum gemütlichen Verweilen ein.
In diesem reich bebilderten Band zeichnen die Autoren anhand des Untergrundes ein vielgestaltiges Bild der Geschichte Wiens von der Römerzeit bis in die Gegenwart.

Ch. Links Verlag, Schönhauser Allee 36, 10435 Berlin